個と向きあう介護

美容福祉へのいざない

渡辺聰子・日比野英子・田村静子 著
西本典良 編著

誠信書房

◇はじめに◇

　2004年9月19日の敬老の日，総務省はわが国の高齢者が2,484万人になったと発表した。総人口（1億2,780万人）に占める高齢化率は19.5％となり，いよいよ高齢化率20％も目前となった。また，介護保険サービスの利用者もすでに300万人を突破し，高齢者の介護問題は数字からみても，まさに国民的な重要課題となっている。また，一方で介護を社会的なひとつの職域としてみても，介護福祉士登録者は平成16年5月で406,727人にのぼっていて，施設サービスや在宅サービスなど，この介護にかかわる職域で働く者も，すでに100万人を突破している。こうした数値を見れば介護サービスがいかに市民権を得て，社会にひとつの職域として定着しつつあるかは明らかである。

　2000年に登場した介護保険により，いわゆる介護の社会化は21世紀に入って急速に進んだといえる。一昔前には福祉辞典の類にも介護という用語さえ見当たらなかったわけであるから，これと比較すれば，「介護」という言葉，または「介護サービス」という用語の定着率の早さにはすさまじいものがあるといってよいであろう。もとより介護という言葉が初めて登場したのは1923年，傷痍軍人対策としての恩給法別表においてであるが，本格的に介護の言葉が登場するのは1963年，老人福祉法においてである。岡本（『老人福祉法の制定』誠信書房1993年，p.154）によれば，介護に関連する特別養護老人ホームという施設名称の誕生の経過について以下のように述べている。

「当初は『看護老人ホーム』としていたが，当時の武見太郎日本医師会長より，この名称では医療施設と紛らわしいので困るとの指摘があり『介護老人ホーム』という案が出たが，これでは名称が暗すぎるとのことで『特別養護老人ホーム』となった」。

もともと特別養護老人ホームが歴史的には生活保護法の養老施設の流れを汲みつつも，経済要件については養護老人ホームが対応し，特別養護老人ホームについては経済要件をはずしたという救貧的な福祉からの脱却という意識があったと考えられる。このことはその後の「介護」という言葉のニュアンスを大きく位置づけたと考えられる。ただし，この老人福祉法のなかで「介護」はきちんと定義づけられているわけではない。その後の老人福祉の流れのなかでは「介護」という言葉が大きな問題になったことはなく，たとえば介助なのか介護なのかという問題も辞典のなかでさえ，同義語として用いられている（全国社会福祉協議会『現代社会福祉辞典』1988年）。

改めて「介護」をどう理解するのかという命題に一定の決着が図られたのは，さらにもう少し後のことである。1987年に社会福祉士及び介護福祉士法が誕生することになるが，このなかで社会福祉士は「専門的知識及び技術をもって，身体上若しくは精神上の障害があること又は環境上の理由により日常生活を営むのに支障がある者の福祉に関する相談に応じ，助言，指導その他の援助を行うことを業とする者」，介護福祉士は「身体上又は精神上の障害があることにより日常生活を営むのに支障がある者につき入浴，排せつ，食事その他の介護を行い，並びにその者及びその介護者に対して介護に関する指導を行うことを業とする者」と定義された。ある意味で介護という用語が法によって初めて定義されたといってもよいであろう。

さて，この介護とは何かという問題についてどのように考えればよいであろうか。これからの介護を考えるには，今ある「介護」についての問い返し

が不可欠であると考える必要があろう。もとより介護の問題は，高齢者をめぐる福祉関連サービスのあり方の問題というより，高齢者自身の生き方の問題であり，家族のあり方や経済的な問題も含む社会資源や住環境の問題でもある。一言でいえば老いのプロセスそのものを見直すべき課題であると考えられる。また，一方でそれを支える地域におけるケアシステムの構築やそれを運営するための社会的な費用負担の問題，地方自治のあり方をめぐるさまざまな切り口をもった問題もあり，本書で4人の著者が共通して終始気にしていることは，介護の現場で働く人びとにある。施設であれ在宅であれ，介護にかかわる人びとの価値観や働き甲斐，それらの人びとがどんな発想でどんなサービスを提供しているのかという介護サービスの中身の問題である。どのような目的でどのような種類の制度や地域ケアシステムがあったとしても，介護は結局のところ人を通して提供されるサービスであるから，介護サービスの良し悪しはつまるところそのサービスを担う介護福祉専門職の仕事のありようにかかっている。そこでは常にどんな種類のサービスをどのような人がどのようなやり方で提供するのか，さらにいえばどのような職業倫理を胸に抱き，どのような目的意識で日々の介護という仕事に向き合っているのかということが重要であろう。

　これからは「介護の質」の向上が重要であるということ，「選ばれる介護サービス」であることがいたるところで求められ，あの手この手の介護論が盛んである。しかしながら，介護サービスの出発点はそれを求める人びとの安全とより豊かな生活の実現にあることは言うまでもないことであって，そのうえに立って本当の意味での人間らしい生活のありようを探る，多様でしっかりとしたアプローチが用意されなければならない。これからの介護サービスは一言でいえばある方向に収束する方向に向かうのではなく，限りなく裾野の広い開かれた方向に向かうものであると考える。

　介護サービスが向上していくためには2つの要素があろう。ひとつは，こ

れまでに介護サービスがその活動の展開のなかでなし得たことをしっかり総括すること，そのなかで私たちは介護サービスの核を見つけなければならない。そしてもうひとつの側面は，もっともっとクリエイティブでしかも価値の高い斬新な新しさを追求することである。既存の枠組みにとらわれることなく，より多面的で創造的なサービスを構築するなかで，しかも人間が生きていくうえできわめて大事な要素をたくさん用意することが必要であろう。

　本書はタイトルとして「美容福祉」という言葉を用いている。これには上記の2つの意味があり，ひとつは従来の介護の延長線上にあり，さまざまなかたちで提供される介護サービスがいかに利用者一人ひとりの個別の課題に応えられるものとなるか，いわば介護における個別性の追求という課題の実践方法の開発にある。美容といえばその技術ばかりが先行しそうであるが，そもそも「美容」とは私をいかに見せるかという限りなくパーソナルなものであって，そのパーソナルな部分に光を当て，それを促し，引き出すことで個人を表現するということである。自分を大事にするからこそ人も大事にできるのであって，最も根幹の自己肯定の原理がそこにはある。介護は受ける人も提供する人も肯定的なセルフイメージがあってはじめてなしうるヒューマニスティックな行為である。よくいわれる人間嫌いではこの仕事ができないというのも，その別の表現であるといってよい。私たちは美容福祉という表現は，この介護が限りなく個人へ向き合い，介護の個別化を実現するための理念と方法の総体としてとらえている。

　田村が担当した部分は「介護保険の改定」を見据えながら，介護保険という社会システムがいかに作用し，新しいシステムのもとで介護サービスがいかに提供され，どのような評価を得ているのか，そしてそのうえでの問題の所在について述べている。とくにホームヘルパーの業務内容に注目し，そこで提供されるサービスの内容と利用者の反応や評価との関連であるべき姿を描き出そうとするものである。

西本の担当した部分は介護の出発点は何かという介護の原理に触れながらADLの介助から出発した介護が，さらにサービス利用者の個別性の実現という課題にいかに応えるのか，その意味と原理を明らかにしようとするものである。これらの2つの部分はいわば旧来の介護の発展方向としてのさまざまな課題を明らかにしたもので，いわば美容福祉という新しい課題をこれからの介護のひとつの形の表現としてとらえるための下準備である。

　渡辺と日比野の部分は，従来介護サービスにおいて正面から取り上げられてこなかった「美容」や「生活を彩る」という課題にスポットを当て表舞台に出す作業である。「美容福祉」という用語を借りれば，この2つが美容福祉の核となる部分である。わが身を「装う」という課題の追求であり，老いても美しくありたいという課題は，決して忘れられてよいものではなく，介護というある種の修羅場にこそもち込まれるべき課題だと考える。介護の目的が人間性の回復であると考えれば，その社会性の追求の課題は介護の最終的な目標ともなるものである。人目を気遣うことで人間はより他人を意識するようになるであろうし，それは逆に自分を大事にすることにつながっていくであろう。日比野の「装う心はバリアフリー」では「化粧」というひとつの他人や周囲を意識した行為が，人間の生活や行動にどのような影響をもたらすのかという，化粧による心理的効果という課題をとらえたものである。渡辺の「高齢者・障害者の衣服と生活の楽しみ」は人間が24時間身に着ける衣服を私たちはもっと大事にすべきであるという出発点から，高齢者や障害者がこれまでいかに不便な衣服に身を包んできたか，いかに着たいものが着てこられなかったかという問題に正面から挑んだもので，具体的な提案も含んだ実践的な研究である。これら化粧や衣服の問題というのは格好の自己表現でもあるし，自己演出に至る行為でもある。これらについてはまさに介護における新しきことの象徴としての「美容福祉」の具体化であろうと考える。

本書は上述したような2つの側面をもちつつも，その出発点は介護サービス利用者のQOLの向上を実現するために介護サービスが何をなしうるかということにある。当たり前のことであるが，単純に介護活動に「美容」を取り入れることが美容福祉の実現につながると思っているわけではない。むしろ「美容福祉」という新たな用語を借りて，いくつになっても「美しく老いる」ということを実現する，いくつになっても，どんな状態になってもその人がその人らしく生きていくために介護は何をできるのか，という課題を追求することに目的がある。考えてみれば当たり前の話で，新しいことでも何でもないことかもしれない。むしろ今まで，なぜそんなことができなかったのかという問題かもしれない。それでも形にして提案することで初めて成しうることも多いと考えるわけで，そのために介護へのひとつの試みとしての提案と受け止めていただければ幸いである。

編　　者

◆目　　次◆

はじめに　*iii*

第1章

ADLからQOLへ
──個別支援方法としての介護活動の展開　*1*

はじめに　*2*
1　介護の到達点と課題　*6*
　1）介護の到達点と専門性　*6*
　2）介護の専門性をどこに見出すのか　*8*
2　介護サービスの特徴　*11*
　1）個別のニーズに基づく個別のサービスであること　*11*
　2）やり直しがきかないサービスであり，やってみてはじめて
　　　善し悪しがつけられる　*12*
　3）私とあなたという二人称の関係のなかで展開されるサービス
　　　であるということ　*14*
　4）ある目的をもった計画的なかかわりを意図するサービスである
　　　ということ　*16*

5）利用者と介護者の関係性　*18*

　　6）介護者の人柄と専門的能力　*20*

　3　介護の原点とADLの支援　*22*

　　1）ADLとは何か　*24*

　　2）ADLを支援することの意味——介護と介助　*27*

　4　手段としてのADL支援がめざすもの　*31*

　5　集団処遇を前提とする介護から個別処遇への発展　*35*

　　1）ADLからQOLへの発展　*35*

　　2）個のニーズに応える介護とは何か　*38*

第2章

装う心はバリアフリー
——化粧によるポジティブケア　*47*

はじめに　*48*

1　化粧の心理的効果　*49*

　1）化粧の動機・目的・理由　*49*

　2）化粧の対人効果　*50*

　3）化粧の対自己効果　*52*

2　障害者・高齢者への化粧の臨床的応用　*57*

　1）化粧による情動活性化の研究　*57*

　2）高齢者研究の難しさ　*62*

　3）高齢者福祉施設における化粧，そのポイント　*62*

3　化粧の効果——ケアの現場での実践事例　*67*

　1）特別養護老人ホームにおけるケース研究　*68*

2）デイケアにおける化粧によるケアの実践的研究　75
4　高齢者にとっての化粧
　　──その意味と実践にあたっての配慮　80
5　現代の生活のなかの化粧と高齢者福祉への提言　83

第3章

おしゃれの楽しみ
──衣服によるポジティブケア　89

1　高齢者・障害者の衣服をめぐる現状　90
　1）衣食住のなかでも後回しにされてきた衣服　90
　2）高齢者・障害者に合う衣服を考える　92
　3）高齢者・障害者の生活にかかわることの大切さ　93
2　高齢者・障害者の身体　95
　1）加齢にともなう身体の変化　95
　2）障害者の身体　102
　3）身体のサイズと衣服のサイズ　107
　4）足のケアと靴　108
3　身体と動作の特徴にもとづく高齢者・障害者の衣服　110
　1）オーダーを考える──座位姿勢に対応したパンツ　110
　2）リフォームを考える　112
　3）リフォームの事例　115
4　おしゃれと社会参加　120
　1）車いす使用者の着付け　120

2）車いす使用者の着付けの実際　*123*

3）車いす使用者のドレス　*126*

5　おしゃれは生きる喜び　*128*

第4章

介護予防時代の新しい介護
——自立を支える生活支援の展開　*131*

はじめに　*132*

1　広がる介護の社会化とシステムへの期待　*132*

2　調査結果にみる保険サービスが果たしている役割の現状　*136*

　1）訪問介護が担っている家事　*138*

　2）ホームヘルパーが受け持てる調理　*139*

　3）ホームヘルパー以外の食事の調達方法　*140*

　4）ホームヘルパーが受け持てる洗濯　*142*

3　利用者の介護保険に対する認識と現状　*143*

　1）利用者とホームヘルパーとの意識のギャップ　*144*

　2）利用者とヘルパーの認識のギャップ　*145*

　3）介護保険サービスに求められるサービス水準　*148*

4　家族が受け持つ介護と，介護の限界となる要因　*153*

　1）家族介護の限界要素　*153*

　2）3つの負担感は介護職に共通するのか？　*155*

　3）訪問介護が担うべき役割　*158*

5　社会が担えるサービスの質と求める質　*159*

　1）サービスの枠組み　*159*

2）介護サービスの品質　*161*

3）2005年の介護保険制度の見直し　*163*

4）介護予防の需要の見通し　*165*

6　介護保険利用の実態にみる新しい利用対象者の拡大　*167*

1）訪問介護の現状　*167*

2）将来の需要　*169*

3）新しい時代の世帯形態と介護　*171*

4）新しい世帯形態のニーズと社会　*174*

7　求められる対応の刷新　*177*

8　消費者・事業者・保険者に求められる理解　*181*

おわりに　*185*

おわりにかえて　*187*

第1章

ADL から QOL へ

個別支援方法としての介護活動の展開

西本 典良

◆はじめに◆

　2000年を境に社会福祉基礎構造改革の大きな流れのなかで，高齢者の福祉も大きく変化を遂げようとしている。おおむねその流れは高齢者にとって好ましい方向であると思っているが，その一方で介護や高齢者の福祉については，これまで内在的な自立的発展を遂げつつも，いつも時代の流れのなかで翻弄され続けてきているように思われる。本来，最もヒューマンな分野で人間にとって普遍的な課題を扱うはずの福祉や介護の問題が，逆にいつも政治や経済，社会の直面する課題に左右されやすく，とくに介護の問題は超高齢社会の今日，すべての国民がいつかは老いるという問題の普遍性と忍び寄る「老い」への恐怖の大きさのために常に多くの国民の耳目を集め，いろいろな切り口から注目を浴びやすい。福祉の他の領域である生活保護の問題や障害者の問題などに比べると，少なくとも高齢者介護の問題は，広く国民全体の当たり前の老後の問題にかかわるわけであるから，それだけにさまざまな立場からの意見にさらされやすい課題であるといえる。

　その意味では介護保険導入を境に，老人問題が高齢者問題と変遷を遂げ，少数の特別なニーズを抱える人びとの問題という受け止めから，より一般的な「高齢期の問題」に広く昇華したといえるわけで，この変化は大いに歓迎されるべきであろう。しかしながら，今日のように福祉そのものが大きな変化を遂げようとしているときであるからこそ，人が人を介護するという普遍的な原理と社会的システムとしての高齢者のケアのありようを論ずることは，もう少し整理されなければならないように思える。つまり高齢者のケアをめぐっては，変化していっていいこととそうでないことは整理して論じる必要がある。とくに70年代から80年代に積み上げてきた介護の実践上の到達点については，もっと大事にされてしかるべきであろうと考える。

思うに，介護という言葉には，いくつかの空想に近いのではないかと思えるほどの幻想と期待が込められながら語られることが多い。老人福祉法ではその基本的理念を「老人は，多年にわたり社会の進展に寄与してきた者として，かつ，豊富な知識と経験を有する者として敬愛されるとともに，生きがいを持てる健全で安らかな生活を保障されるものとする」と定めているが，平均余命が男女共に80歳を超えようとしている今，この基本理念をどのように解釈すべきであろうか。そもそも法によって高齢者を敬愛すべしと定めざるを得ない状況が少なくとも1961（昭和36）年当時にはあったのであろうし，それ以降，特別養護老人ホームの建設や老人医療費の無料化制度，在宅福祉の進捗など高齢者の福祉をめぐる分野は大きく前進したわけであるから，この法の制定に大きな意味があったのは事実である。しかし今日のように，高齢者が社会のなかで人数的にはマジョリティーとなり社会的な発言力も格段に強力となった時代的な変化をみると，高齢者の多年の労苦をいたわり報いるというよりも，誰にもある当たり前の人生の終盤のステージとして老いをみていく必要があろうと思われる。

　とすれば，認知症（痴呆）や寝たきりになったという特別な人びとを対象とする特別な福祉サービスと理解されがちであった介護もまた，やがてはすべての人びとに訪れる老いの過程における一般的な社会的支援であると解釈すべきであろう。まさに介護保険は，介護サービスを社会保険の方式で供給するものであるから，この一般化を急速に推し進めたことになる。また，介護保険の導入は同時に介護サービスを提供する側に対しては，選ばれるサービスになること，より質の高いサービスを提供することが声高に求められている。これまで多くの実践者によって築かれてきた介護活動の水準をけっして無批判に肯定するつもりもないが，さて，それほど質が低かったのかとも思うのである。介護職員の接遇面でのスキルアップが盛んに叫ばれ，介護職員が利用者を〇〇様と呼びかけ，「〜させていただく」式の妙に丁寧な言い

方に筆者はどうもなじめないものを感じている。傍でみていて「居心地のよい丁寧さ」を感じるのは，介護スタッフがその仕事のなかにやりがいを感じていて，しかもゆったりと生き生きと働いていることが伝わったときであろう。彼らは利用者たちと同じ一人の人間として仕事をしているのであって，ことさら相手が高齢者であるとか要介護者であるという気負いは感じさせないものである。彼らは同じ人間としてお互いがわかりあえたり，自分がある人の人生において何かを成し得たという満足感をもち得たときに，自分たちの仕事の価値を感じているのである。高齢者の福祉施設が生活施設であるというならば，まずこのあたりの「普通さ」を大事にすべきであろう。

　さて，介護を実際に現場で提供する側に立ったときに，どれだけ彼らが働きやすくなったかといえば，むしろその広がりと認知度の高さに反比例するような状態ではないだろうか。介護保険登場以来，介護の現場を見ていると，いつも何かに追いかけられているような忙しさやあわただしさ，いつも次の課題を突きつけられているような落ち着かなさがあり，本来介護という仕事がもつ「ゆったりとした温かみ」を感じることは容易なことではない。全体としてはむしろ厳しくなってきているのではないかとさえ思える。こうした状況をつくり出している背景には，時代の流れのあわただしさばかりでなく，いまだ介護という仕事が未発達で定着していない過渡期の段階にあるがゆえに，介護者自身の確固たるアイデンティティをつくりきれていないということもあるではないかと思われる。

　たとえば，介護の現場はそこで働く寮母職の専門職化を長らく望んできたにもかかわらず，介護福祉士という国家資格ができて十余年たつ今もなお，いまだにこの国家資格がないままに現場で働いている者が施設でさえ半数近いといわれている。この事実をいったいどのように理解すればよいであろうか。介護の専門性をどこに見出すのかという課題は未解決で，介護という業務は家事や子育ての経験さえあれば誰でもができる仕事であるという受け止

めはいまだ根強く,「誰でもできる仕事」というイメージがついてまわる。介護福祉士という国家資格は,最短 2 年制の厚生労働省による認定を受けた専門学校などの養成施設で取得が可能であり,現場で 3 年間の経験を経て国家試験を受験することでも資格取得が可能である。少子化の進んだ今日,いずこの介護福祉士養成校でも定員割れの危惧を抱えながら不安定な学校運営を続け,誰でも入学できる状態にある今,客観的にみればそれほど介護福祉士の資格取得は難しい課題であるとはいいがたい。しかしながら,こうした資格取得のハードルが高くないことが専門性を深化させない原因であるとも思えない。むしろその背景には,介護の専門性に対する社会的な認識の危弱さを感じるのである。

　本章では少し大きな意味で介護サービスを,その提供されるさまから概観し,介護サービスの現状と課題について述べてみたい。また,そのうえで本章のテーマである「個別支援方法としての介護活動の展開」について考えてみたい。もとより本章は,本書全体の総論としての位置づけになり具体的に何がどうしたという話にはならず,その意味での面白さはないかもしれないが,介護活動の実際に行われているありようを鳥瞰するなかでこそ見えてくる課題もあろうかと思われる。筆者は介護福祉士を養成する教育の現場にかかわってきた立場から,常日頃感じていること,また,この10年の間にいくつかの介護施設の立ち上げからその後のスーパーバイザー的なかかわりを通して感じていることなどの経験をもとに,この問題を考えてみたい。介護の現場に近いところから,当事者とは少し違う立場からの発言として受け止めていただければ幸いである。

◆1　介護の到達点と課題◆

1）　介護の到達点と専門性

　筆者の関心は，どうすれば介護サービスの質的な向上が進み，介護福祉士の専門性が高まるのかということにある。思うに時代が介護や介護福祉に正面から取り組まなければならなくなるほど，逆に「介護とは何か」という問題についてはいまだに定義めいたものが遠のくような状態であり，介護福祉士を養成し広く社会に介護の専門職を送り出す側にある筆者の位置からいうと，専門職としての介護福祉士の確立はいまだ遠い状況にあると思えるからである。

　介護福祉士誕生のころには，まず看護からの批判があった。主たる批判の中身は，看護が病める人びとを相手に行ってきたケアの部分は保健や医療から切り離せないという問題意識からであり，介護が対象とする「心身の不自由な状態による生活の依存」は，もともと健康を害している状態から発生しているわけであって，その意味での疾患管理や健康管理の部分と生活を支援するための身の周りの援助と切り離すことができない，という理由である。これはもっともな批判であってこれに反する言葉は見つからない。では看護師がいれば介護福祉士を誕生させる必要はなかったのであろうか。しかし今日求められるだけの看護師を実際に高齢者の介護の現場で確保することも現実的ではないこと，看護師は医師による診療の補助あるいは医学的な治療プロセスにおけるケアの専門家であるという社会的な認識もあり，ケアそのもののための専門職という認識が薄かったこと，保健師にいたっても直接ケアをするためというよりも，保健指導という方法での地域ケアのコーディネーターとしての専門職という社会的な合意があったことなどを考えれば，その答えは否ということになろう。また一方で，一般にソーシャルワーカーとし

て認知される生活指導員の仕事は，直接介護にあたる介護職とは実質的に異なるものであったことも影響していよう。このようにみていくと介護福祉士誕生の背景には，その業務内容の質的な専門性から自然発生的に成熟していったというよりも，こうした外的な社会的な背景が深く影響していると思われる。

　もちろんこうした外的な必然性のみでなく，もうひとつの側面は，すでに特別養護老人ホームなどにおける寮母職による優れた実践活動の蓄積が専門職誕生の背景にあった。かつての特別養護老人ホームにおける介護の実践活動は，一方では副田（1987）[1]のいうように管理的色彩の強い施設であったが，1980年代に入ると，その一方でたしかに優れた実践を数多く積み上げてきた歴史ももっている。たとえば老人病院でできた褥創を特別養護老人ホームが治す，オムツはずし運動や廃用性症候群の防止のための離床生活の確保などのこうした優れた介護実践の蓄積が，介護職の専門職化を進める要因ともなっていったのである。こうした背景を考えれば，専門職として追認するかたちで高齢者介護の現場にいる寮母職を介護福祉士として専門職化していくのは，ごく自然の成り行きである。しかしながら，介護の専門職制度の実現が自動的に介護職の専門性を高めていくわけではない。むしろ資格制度誕生のころには専門的な教育を受けた介護福祉士の有資格者が逆に現場で小さくなっている状況はなかったであろうか。資格の有無を問わず，実際にこれまで介護の現場で寮母職としてやってきた人びとが，専門教育を受けてきていないにもかかわらず，入所する高齢者たちは着実に余命を伸ばし，家族に感謝され，ときには褥創を治癒させ，排泄を自立させるというような目に見える効果を示しているだけに，努力をすれば専門職という教育を受けずともちゃんとした仕事ができるのではないかという気にさせたのも事実であろう。

2) 介護の専門性をどこに見出すのか

　介護の仕事を専門職として裏づける法からみてみたい。社会福祉士及び介護福祉士法によれば，介護業務の内容とは以下のように定義されている。

　「介護福祉士の名称を用いて，専門的知識及び技術をもって，身体上又は精神上の障害があることにより日常生活を営むのに支障のある者につき入浴，排せつ，食事その他の介護を行い（中略）ことを業とする者」（第2条第2項）

　一方，社会福祉士は以下のように定義されている。

　「社会福祉士の名称を用いて，専門的知識及び技術をもって，身体上若しくは精神上の障害があること又は環境上の理由により日常生活を営むのに支障がある者の福祉に関する相談に応じ，助言，指導その他の援助を行う（中略）ことを業とする者」（第2条第1項）

　二者の違いは一言でいえば介護福祉士は入浴，排泄，食事その他の介護を行う者であって，社会福祉士は相談援助を業とする者であるということになる。

　しかしながら，介護の現場においては介護福祉士も，サービス利用者からの相談援助はさまざまなかたちで行うわけであるし，社会福祉士のほうも，必要があれば外出時の送迎やトランスファーあるいは排泄や食事の介助を行うこともしばしばである。だからといってそれぞれを異なる職種として区別する必要がないということではなく，いわゆるルーティンワークとして，一方は主に介護の仕事を行うし，一方は相談援助の専門職としての業務を主に

行う。ではある種の線引きをすればそれで介護福祉士なり社会福祉士の専門性を明らかにすることができるかといえば，そうではない。介護や福祉あるいは医療の現場でさえ，さまざまな職種の住み分けがそれほどクリアには行われないのは当たり前のことであって，砂原（1988）[2]のいうように，対人的な専門職はお互いがはっきりラインを決めて領域を決めるのではなく，オーバーラップしながらチームとしてかかわることが重要であると考えるべきであろう。

とすればこの介護における専門性を語るためには，むしろ何をしているかという業務分析型の専門性の追究ではなく，専門職としてのどこに自分の役割意識をもち，どこに専門職としてのアイデンティティやこだわりをもつかということが重要であり，いわばどこに専門職としての自分を価値づけるかという問題が問われる必要がある。

介護は，あくまでも人による労働というかたちで提供される対人援助活動である。さらに，介護が一般的なサービス業と決定的に異なるのは，介護サービスが及ぼす行為が，ときに利用者によっては生命活動そのものにかかわることも少なくないからである。実際の介護がひとつの社会サービスとしてその利用者に提供されるとき，サービスとしての介護活動をどのように特徴づけて理解できるだろうか。そしてさらには対人援助の専門職としての介護サービスの特徴は，どのようにとらえることができるだろうか。

一般的に介護をはじめとする社会福祉における対人援助活動の条件としては，理念，知識，技術があるといわれる。介護は心身の弱った者に対するよりよい生活の実現という立派な理念をもっているし，健康と安楽な生活を送るために必要な知識，そして心身の疾病や障害があるゆえに派生するさまざまな生活障害を軽減するための知識も技術ももちあわせているといえる。とりわけ介護保険導入後，介護サービスはあくまでサービスの提供者とその利用者の間での契約によって進めていくことになる。当然そこにおいては，

「どんなサービス」を「どれだけの時間内で」「どれだけの対価費用を支払って」提供されるのかが問題になってくる。利用者からみれば，常に「あなたは私に何をしてくれる人ですか？」と問いかける対象であるし，介護サービスを提供する側は，常にその質問に対し明瞭に回答できなければならない。

ではあらためて，介護サービスにはどんな特徴があるのだろうか。いわゆる対人サービスとしてはさまざまな種類の接客業があるわけだが，どんな接客業のサービスと比較しても，介護サービスの提供には独自の要素が強い。むしろそれは，教育や医療あるいは司法などにかかわる職種と近い種類の対人援助サービスとしてとらえられるもので，単なる対人サービスではなく，あくまでも対人援助サービスとしてとらえる必要がある。すなわち医療や福祉あるいは司法などを必要とする場合，それらの対象となる人びとは概して社会的に弱い立場であったり，あるいは緊急な危機的状況にあるような場合であったりするわけで，何らかの社会的な援助を必要としている人びとであるといえる。医療を要する患者の場合はこの立場がきわめて明瞭で，その立場を守らないと自分の命が危ういという状況におかれている。また，福祉の場面でも，生活保護の決定の可否は文字通り生活の存立そのものにかかわるし，介護もやはり身の周りの一切の生活活動が自分でできないとすれば，その生活の一切が介護従事者に任されることになる。だからこそこうした仕事にたずさわる専門職には，高い専門性と倫理が求められることになるわけである。

介護サービスが施設で提供されようと在宅で提供されようと，いずれにしてもそれらの活動は単なるルーティンワークでもないし，その場限りの思いつきによる行動でもない。介護活動は，アセスメントに基づく状態と状況の分析を経て目標と方針をもった個別的な対人援助サービスである。介護サービスは，家庭のなかで行われる私的な家族介護とも異なるし，ボランティアのようなサービス利用者の生活の一部を切り取った部分的なかかわりでもな

い。介護活動は利用者の求めに応じて介護計画も日々のプロセスも公開される社会的な活動であって，介護保険のもとでは対価という側面をもっているし，個人ではなく組織的に提供されるという社会的な使命をもった活動であることなどが，その特徴として挙げられよう。

◆2　介護サービスの特徴◆

1）　個別のニーズに基づく個別のサービスであること

　介護サービスが，「どんな」サービスで，「何をする」サービスなのかという問いに答えることは，それほど難しい課題ではない。ひとり暮らしの高齢者の介護サービスであれば，家事援助として買い物，洗濯，掃除，調理などのサービスが種類として挙げられるし，身体介護であれば食事や排泄あるいは入浴介助などがそのサービスの種類として挙げられよう。しかしながらその詳細をみれば，利用者Aさんの介助の内容とBさんの介助の内容とでは，たとえ種類としてのサービスは同じであっても実際には同質のサービスとして提供されるわけではない。たとえば買い物，調理，食事介助という一連の介護サービスが提供されている場合であっても，Aさんの場合には，外出を促すという意味合いで一緒に買い物に行くことを大事にしているかもしれないし，一方でBさんの場合には，あわただしく調理を済ませ，その後ヘルパーが来られない2日分のおかずを作りおくという介護が重要になってくるかもしれない。食事介助ひとつとっても，たとえば食材の種類，調理の仕方，味付けや盛りつけ，食べる時間などについても考慮する必要があるし，当然利用者の身体や心の調子に合わせ，食欲や摂取量についても十分な配慮が必要となる。嚥下障害があれば，一匙ごとのスプーンですくう量や口に運ぶタイミング，スプーンの角度などについても相当に慎重でなければならない。またそれらの介護場面での介護者の物腰，表情，声のかけ方，など

のコミュニケーションの方法も重要で，そのあたりの介護者と利用者のやり取りにいたっては「あ，うん」というタイミングの問題も重要である。こうしたすべての事柄がクリアされないと，利用者からすれば満足のいく快適なサービスが提供されたことにはならないであろう。このように介護サービスというのは単にその種類が同じであっても実際の提供のされ方はきわめて個別性が高く，画一化したサービスの提供ではすまない難しさがあるといえる。

2） やり直しがきかないサービスであり，やってみてはじめて善し悪しがつけられる

　同じニュアンスで介護サービスはなかなか再現性に乏しく，ある意味では一過性のサービスであり，やり直しのきかない常に本番が求められるということに特徴がある。介護の専門職は，さまざまな経験を経ていくつもの引き出しをそろえ，数多くのノウハウを蓄積しているわけであるが，利用者の投げるボールにはすべて向かわなければならない存在であり，今を生きている利用者を相手にするわけであるから，予行演習はなく常に本番に接することになる。同じ利用者であっても利用者の体調もまた常に同じではない。とくにホームヘルパーの場合には相手の生活圏に飛び込んで仕事をするのであるから，訪問のたびに同じ種類のサービスを提供したとしても，厳密な意味ではそこに同一のサービスが提供されているわけではなく，その意味では提供する側にとってもそれぞれのサービスは生きものなのである。

　その意味では提供されたサービスの評価も困難な問題であり，たとえばどのような食事介助の方法が優れているかといえば，結局のところ，臨機応変に食事の内容と利用者の体調や食欲に合わせた介護サービスが提供できることがよいサービスであるとしかいいようがない。すなわち介護サービスは，実際にはやってもらわないとその善し悪しは評価できないということにな

る。介護保険下ではよく「選べるサービス」といわれるものの，実際にはここで選べるのはあくまでもサービスの種類であって，事前にいくつかのサービスの提供者と方法が提示されて選択できるわけではなく，ましてやどの人のどのやり方がよいのか，介護者Ａと介護者Ｂの行うことの比較も，結局のところ実際にやってみてからしか評価はできないもので，選択するとはいっても簡単ではない。

　では介護サービスの評価は難しいことなのかといえば，そうであるともないともいいがたい。とくに利用者からすればある意味できわめて明瞭な判断基準があるわけで，すなわち「気持ちよく食事ができたかどうか」というものである。しかしながらこのときにその利用者が何をもって心地よく扱われたかということになると，これは実際には本人であってもその因果関係を明瞭にはっきりと表現することは難しい。もちろん最終的にはどっちがよかったと判定は可能であるかもしれないが，ではどこがよかったのかと聴かれても，おそらくそれほど明快な回答は出てこないであろう。本来，比較するということは「どこがどうだ」とその違いを明確にすることであるはずだが，その意味での比較もそれほど単純なものではない。たとえば，食事介助の場面でどのような食事介助の方法が優れているかという問いに対し言葉で応えれば，結局のところ臨機応変に食事の内容と利用者の体調や食欲に合わせた介護サービスの方法がよいサービスであるとしか言いようがない。その意味で介護サービスは，実際にやってもらわないとその善し悪しは評価できないということになる。

　介護サービス評価のここが難しいところで，利用者の側から評価すれば一定時間の間に何をしたかという量的な手際のよさばかりでなく，して欲しいときにして欲しいことをしてもらったかという点や，自分のして欲しい方法ややり方で提供されたかどうかが，むしろ重要な要素となるはずである。総じていえば，それはどこまで快適なサービスとして満足感が達成されたかと

いう話となる。

3） 私とあなたという二人称の関係のなかで展開されるサービスであるということ

　介護というのは自分の身の周りのことを他人に託すという生活の仕方であるから，そこには必然的に介護サービスを利用する人とそのサービスを提供する人の間にある種の緊張関係を生み出さざるを得ない。介護サービスの主体は利用者であるということは介護者が利用者に隷属するという関係ではない。介護者が利用者に大いなる関心を払い，利用者がそれに応え反応する。そのやり取りのなかにこそ介護活動の面白さがあるのであって，手助けされる喜びもさることながら手助けする喜びもそこにあるのであり，介護という仕事を通して得られる介護者の満足感もここにある。もちろんそれに至る過程は簡単ではないし，時間がかかることでもあり，幾多の試練を双方が乗り越えて強い絆を結んでいくわけである。

　とくに初期の段階では，利用者と介護者の間には少なくともそれまでのかかわりはなく，当然お互いにどのような人生を歩んできたかも知れず，初めての出会いのその日から，排泄介助というような自分が最も他人に見せたくない部分をさらけ出すという事態になるわけである。世の中広しといえども，長い人生のなかでも他人とそんな出会いをすることはそれまでには思いもよらないであろう。初めて誰かに介護されるときの気分はいかがなものであろうか，こればかりは実際に自分で体験しなければ理解できないであろう。この事実だけでも介護者がどれだけ慎重になってもなりすぎることはないことは明らかである。

　介護関係はきわめて人間的な関係であるという。ではこの人間的な関係とはどんな関係なのか。杓子定規な関係ではないこと，機械的な関係ではないことと言い換えることができるが，一言でいえばある種の幅をもった関係で

あるということがいえよう。Aという要求に対しBという反応で応えるばかりでなく，ときにB′になってみたり，ときにBbという変形の応えが出てみたりするのかもしれない。これがゆえに「介護関係」はやはり特殊な援助関係であるといえる。ただし幸いなことに実際のところははじめからピタッと収まる関係ではなく，実はかなりの時間的な経過のなかでお互いが修正しながらその関係づくりは行われることになるから，もう少し余裕をもってみていく必要があろう。また，それは利用者からみれば固定的にこのような人物ということではなくて，このような関係をつくれた人物ということになるし，もうひとつの日々の変化に即応できるサービスになっていくという問題も，時間的な慣れが相互に作用して，なんとなく「いい関係」がつくられていくのである。

　もうひとつの介護の要素として，面白いと思うのは，介護者が何を成したかということ以前に，「利用者とどんな関係にある介護者」であるのかということが問題になる関係であるという点である。つまり何をしたかと同時に，誰がそれをしたのかが問われる対人援助活動であるということである。極端な言い方をすれば，介護者Aがしたことと介護者Bがしたことは，客観的にみれば同じことをしたとしても（もちろんまったく同じということではないのだが），その評価はサービスの受け取り手の解釈いかんによって異なるということである。単純に好き嫌いの問題ではないし，なじみの関係にあるからという説明だけでは説明にならないように思う。この違いは実際には相性という問題よりは，その利用者と介護者がどんな関係をつくりあげているかという，双方向の時間軸を考慮してつくりあげられた関係性という視点が必要であろう。表面的には単になじみの関係とか，相性とかという言い方で片づけられているのだが，それは本質的な分析ではない。優れた介護者が利用者を受け入れているのと同じように，介護される側が介護者を受け入れているかどうかという問題なのである。

4） ある目的をもった計画的なかかわりを意図するサービスであるということ

　対人援助サービスとしての介護サービスの特徴は，その場その場でただ求められるサービスを提供するということではなく，利用者の要求を出発点としながらもサービス提供者である介護者による状況分析をもとにするアセスメントを経て，目的を設定したうえでプランニングされ展開されるという特色がある。いわゆる介護過程という一連の介護サービスを提供されるためのプロセスがあるということである。すなわち偶発的に通りすがりに提供される関係ではなく，かなりの準備と打ち合わせを含めた手続きを経たうえでそこにある種の目的や意図があり，提供されるサービスであるということができる。

　何を介護すべき課題とし，どのような目標を設定するのかという，その目標設定の妥当性と具体化が介護過程の前半ではかなり重要で，介護者のいわば腕の見せ所となるわけである。そのアセスメントの妥当性をどこに求めるのか，介護者は何を基準にアセスメントという事前評価を行うのかということが重要である。ここで求められることは介護者側の「意図」である。もちろん悪意をもって介護にあたる人はいないという前提での話になるが，この意図が利用者にふさわしいものであるのか，社会的にみた妥当性という観点から適切なものであるのか，さらには利用者にとってよりよい生活の実現につながるものとなるのかという視点でみなければならない。ここで登場してくるのが，介護における倫理性の問題である。他人の生活にある日突然かかわり，さらにその生活を変化させようとするのであるから（もちろんいい意味で），こうした介護者の思いがこの上述したようないくつかの倫理を満たす条件から外れたときにはこれほど傲岸な話もないのである。

　和辻（1934）[3]によれば，倫理における倫とは人と人との間にかかわる関

係性であり，理とは世の中のことわりを示すとされることであるから，倫理とは世の中の人と人のかかわりを占める決め事ということができる。この倫理は日常の生活のなかでは表面化することも少ない。しかしときにそれは世の中で暗黙に了解されることであるし，漠然とした事柄でもあるから，逆に大きな重みがあるのである。倫理や道徳といえば何やら教室の壁に貼ってある標語のようなもので，ただの目標概念であって日々の行動に直接の影響を受けるものではないととられがちであるが，介護のようにその提供されるサービスが，前述したような一過性であり，目に見えず，形としてとらえられないものであればなおのこと，何を成したかだけでなく，何をしようとしたのかという一連の行動プロセスとしてとらえるべきであろう。さらにいえば，どのような人がどのような心持ちでそれにあたったのかという問題としても考えていくべきであろう。

　また，中村（2003）[4]によれば，この倫理原則をひとつの行動規範の基準として，①自律尊重の原則，②害を加えないという原則，③善行の原則，④社会正義の原則の4つに具体的に明示している。とくにここで不害の原則と善行の原則がはっきりと分けられていることに注目したい。この原則を介護の場面に応用して考えていくとどんなことがいえるであろうか。介護という仕事は優れて人間的な仕事である。この人間的であること，あるいは人間味があるという言い方は，反応がときによって異なる，相互関係で成り立つために変化する，量的に測ることができない，ときには失敗もあるなどさまざまな意味をもっているであろう。しかし一方で介護における失敗は相手を心身において傷つけてしまうという結果を招くことになるから，いい意味で人間的であることを求められつつも，人間であるから失敗は当然であると解釈されては利用者はたまらない。そこで不害の原則をもつことによって必然的にある種の範囲が設けられていると解釈できる。この言下には，100％を満たすよいことがもしできなくても少なくとも害を与えないというメッセー

ジが隠されているように思うのである。少なくとも害を与えない，不快にさせないという姿勢は介護従事者にとってはかなり現実的で，かつこれさえも守ることはかなり難しいことではあるまいか。プラスアルファでどこまで積み上げられるかは結果で評価すればよいが，論として少なくとも負の状態にはしないという決意がもしできれば，たとえば今日，介護に寄せられるさまざまな不満のかなりの部分は解消され多くの問題はそれだけで解決可能と思われる。一般的な常識に基づく判断は何ら明確にはなりがたく，こうした行動が倫理的であることを4つの原則できちんと判断を示すことはきわめて重要な指摘であり十分実践的な倫理綱領となろう。また，さらにいえばこの倫理の問題と介護従事者の適性評価の問題は，実は密接にかかわっているように思われる。どのような倫理性をもっているのかということが，いわゆる態度や言葉遣いに表れるのではないだろうか。

5） 利用者と介護者の関係性

利用者の「主体性の尊重」という原則は，もちろん実に当たり前のことではあるのだが，私たちがこの言葉を使うときに無意識的にではあるがその前提として，「主体性をしっかり発揮できる人」「自分で自分の要求を言語的に表現できるかどうかは別にしても自己表現できる人」という条件がないだろうか。実際には介護を要する状態にある人びとは，この主体性そのものを発揮できない状態であることが少なくない。はっきりと自分の生活のうちで自立し得ない部分を明言できるのは，逆にある程度は自分の生活が成り立っているからこそできるのである。

このようなときに，介護従事者には「指導性」という要素が発揮されることが期待されてよいであろう。精神的な支持という解釈が主となろうが，サービスの利用者の不安の解消や，ゆらいでいた自分というものが介護者の介入により不安を解消し，より自信を深め，利用者が生活の主体性をつくっ

ていくという過程である。たとえば認知症高齢者の介護においては当然解決すべき課題はたくさんあり，利用者の安全の確保，問題行動の減少，施設であれば他の利用者への影響，在宅であれば家族のストレスなどがあるわけであるが，介護者との関係でいえば，最も根源的な根っこにある課題は，認知症のある利用者の不安をどう解消するのかという問題であるといえよう。介護過程において，認知症は治療あるいは解消すべき課題というよりは，認知症を抱えつつも安心した落ち着いた生活をどのように実現するかという課題である。もちろんこれは簡単に解消するような課題ではないが，時間をかけてじっくりとここはあなたが安心していられる所であること，誰もあなたに害を与えないこと，あなたは受け入れられているのだということなど，こうしたメッセージをいかに受け取ってもらうかということに介護のひとつの目標があるといえる。ここでは，先ほど挙げたような不足部分を補うという見方では，その介護活動を説明しきれない。介護者が利用者に好かれるようになること，安心されること，そして信頼されること，さらにいえば頼られること，介護者が利用者にとってそういう存在になっていくなかではじめて成り立つ関係である。ある意味ではこの関係は，乳幼児が育っていく過程で母親との間につくられる母子関係に似ている。この関係の下では介護者が認知症のある利用者に対して何をするかという課題よりも，介護者と利用者が日常的にどのような関係を築いているかということのほうが重要である。すなわち何をという課題以前に，あるいは並行して，どのような人間関係のなかで介護が進んでいくかというところに問題がある。介護者Aと介護者Bが介護活動としてはたとえ同じようなことをしたとしても，相手の反応は異なるのが常である。上述したような関係を築けている場合にのみ利用者は安心するし，心を開いたりするのである。この場合の介護関係とはいったいどういう関係としてとらえたらよいのであろうか。この関係においては必ずしも利用者の主体性発揮という介護関係の大原則は少なくとも表面化しない。実

際には限りなく利用者のニーズやその特徴に介護者が合わせているわけであり，当然この場合にも介護関係の主体は利用者にあるわけで，介護者にはないのである。

　とくに利用者の側が全面的な依存状態にあるときには，契約関係というよりも，生活の構築のための緊急避難的な色彩の濃い指導性の発揮という側面が強い。この関係において介護者は利用者に対し「快」を与えている状態で，決して脅威や閉塞感を与えていては成り立たない関係であることは当然としても，それだけではうまく説明できない。相互にどのような意識の下に関係づけられるかといえば，利用者は介護者に対して「頼る」という意識があり，介護者の側には「守る」という意識がある。すなわちここでは「頼る‐頼られる」，「守る‐守られる」という関係が成り立っているわけである。

　知的能力や判断能力に問題がある状態という状態像が，ときに介護者たちに，人間として考え，判断するすべてを力の失った状態であるという誤解を生み，その認識がときに利用者に対し不遜な態度を示すことにつながる対応をとらせる。しかしながら，一方，重度の認知症であっても，あるいは重度の知的障害があっても，サービスの受け手である利用者本人は確実に相手を一人の人間として見ている。そして自分の味方であるか否かを判断する。これは恐るべしというぐらい見事な的確さできちんと見極めていると知るべきである。重度の認知症状態にあるとき，肉親でさえも判別がつかないではないかと言われそうであるが，それでも彼らは自分の身の周りの世話をする人間はしっかり見ている。

6） 介護者の人柄と専門的能力

　ではよい介護者とはどんな介護者であるのか。どんな利用者からも好かれるというタイプの介護者はたしかにいるように思われる。こうした介護者た

ちは，傍からみて適切であると思われる介護関係を短期間のうちにつくれるし，皆がそれを真似ようとするわけであるから，やはり介護者の善し悪しはあるのである。ではこうした介護者の「よさ」はどのようにみるべきであろうか。たとえば，介護者Aと介護者Bのあなたはどちらを選択しますかという問いかけをした場合に，何をもってその2人の介護者を比較し選択するのだろうか。前提として介護者Aのやり方と介護者Bの提供する介護サービスは，たとえ同種の介護サービスを提供したとしても，実際にまったく同じやり方でコピーできないわけで，何をなしたかだけでその「よさ」を明らかにすることはできない。

　また，これに類する論議が，福祉の仕事をするにはまず人柄が重要である，人柄さえよければ経験を積むなかで誰でも一人前になることができる，という論である。福祉の現場でそれはよく聞く話であり，おそらく実際問題としてその「人柄のよさ」でうまくいっているという現実もあるのであろう。少なくともそれは経験的にそういう思いをしてきたという背景があると考えるべきであり，早い話が福祉の専門課程を学習してきた者よりも，違う分野の学歴なり違う分野の職場での経験を経てこの分野に身をおいている者も少なくなく，少なからずそうした門外漢の人びとがいい仕事をしているという現実もあるやもしれない。

　では，本当に人柄だけでいい仕事はできるのだろうか。はたしてそれは事実であろうか。ここでいう「人柄」とは単に性格的な問題ではなく，いわゆる臨床現場における資質や適性と呼ばれる事柄を含めた総合的な表現をしているとも思われるが，具体的に個人のどんな資質や職業倫理，職業態度を指していっているのかは明らかではない。よくいわれることは「周囲との協調性」「真面目であること」「やさしい」「よく気がつく」などの言葉で表現されることが多い（西本，2002a）[5]。しかし考えてみれば上述した事柄が必要でない仕事が世の中にあるだろうか。営業であろうと製造業であろうと研究

職であろうと，およそ上述した事柄は，職業人である以前に社会人としてみても当然の資質であるし最低限の条件であるともいってよい。とすればやはり福祉の仕事に就く人びとは，「普通の人」であれば誰でのよいではないかということになってしまうという堂々巡りの論議となる。

およそ対人援助を担う職種として教員，看護師，保育士，教育や福祉，医療関係の職種としてはこうした資質の問題は共通して語られることであって，社会的に専門性が認知され成熟を待つまでには必ず通ってきた問題であろう。その辺の事情は医師の診療の補助として誕生した看護師の歩みをみても明らかであり，対人援助の仕事を専門職として社会的に位置づけるうえでの避けがたいハードルで，看護の仕事の社会的な定着の歴史や，保育をめぐる専門性の定着の歴史をみても明らかであろう。

ややもすると介護者の評価は表面的な態度や言葉遣い，物腰などで評価されやすい。しかしながら介護サービスを深めようとするときに問題とすべきは，「介護者としての能力」の側面である。この介護専門職としての能力はどのようにとらえることができるだろうか。大きくは介護課題の発見のための能力であり，もうひとつは日々起こるさまざまな場面での問題解決能力であろう。いついかなるときも，介護者が利用者の反応をどれほど注意深く観察できているか，そしてそれらの反応にどれくらい機敏に反応できているのかという問題である。介護専門職がこうした能力を問われるようになってはじめて，介護の専門性が論ずるにふさわしい課題になるものと思われる。

◇3　介護の原点とADLの支援◇

前節では介護活動の専門性をどこに求めるべきかという点について，主として対人援助を目的とする専門職としてとらえ，その特徴について述べてきた。本節ではさらに介護活動の内容に触れるなかで，あらためて介護が何を

する仕事なのかという点について述べてみたい。少なからず筆者自身も，高齢者や障害者の施設にこの10年継続して理学療法士としてかかわっている。いずれの施設においても単にそれぞれの利用者のリハビリテーション訓練にかかわるのみでなく，時間的にはその半分以上をむしろそれぞれの施設職員とのかかわりに費やしている。なぜならば，利用者のリハビリテーションを進めていくうえでは，いわゆるケアスタッフとの連携が必要不可欠であると感じるからであり，担当のケアワーカーとの意思の疎通が何よりも重要であると考えるからである。筆者からすれば，利用者の日頃の生活の様子を知ることなしにいかなるリハビリテーション訓練も進められないし，一方ケアスタッフにどのようにかかわってもらいたいのかという要望も伝える必要があるからである。たとえば，一人ひとりあたりにすれば週に数回，20〜30分のリハビリテーション訓練で，個別の利用者たちにどれほどのことを成しうるだろうかという自問もあるし，むしろ，実際には日頃のケアワーカーのかかわり方こそが重要であろうと考えている。また，効果という点からいっても，ケアワーカーたちの労働の質を高め満足感を高めるという点からいっても，利用者たちのADLをめぐる問題や，その介助の方法についての疑問や相談は大変重要であろうと解釈している。

　この，筆者による現場のケアワーカーへのかかわりを通して最も強く感じていること，それは同時にケアワーカーから寄せられる相談事の中身になってくるわけであるが，その多くは利用者たちの心身の障害をどのように理解したらよいのかという問題に起因している。より良いトランスファーの方法，膝や腰の痛みへの対応，拘縮予防のためのポジショニング，嚥下障害への対応，そして障害の予後やADL諸活動の予後予測などと，話の中身は介護活動の全般に及ぶ。理学療法士としての筆者には，利用者の身体障害の部分について何をどうみたらよいかわからないという相談事が多い。よって，筆者からのケアスタッフへの話の中身は「障害の理解」を深めることに費や

されるといってよいであろう。障害程度がシビアになればトランスファーを必要としない利用者はいないし，とくに脳卒中などの中枢神経系の疾患がある場合には，バランス能力の低下のために起こる転倒の予防や認知障害，嚥下障害，失語症などの高次脳機能障害などへの対処も必要となる場面が少なくない。さらにいえば障害の予後予測，あるいは ADL の改善の可能性について推定するという課題に至っては，やはり理学療法士の果たす役割は決して小さなものではない。

以上，少々長い前置きであり，当事者のような部外者のような中途半端な立場から，介護についてあれこれ言ってよいものかという自責の念があるが，以下，筆者の介護をみる基本的なスタンスを明らかにしたうえで，今後の介護のあるべき姿について論じてみたい。唯一，自分に論じる資格が与えられているとするならば，介護の原点がやはり ADL の支援にあるという思いがあるからであり，この意味では理学療法士もまた介護という船に共に乗るべき専門職であるという気持ちがあるからである。

1） ADL とは何か

日本リハビリテーション医学会によれば，ADL とは「ひとりの人間が独立して生活するために行う基本的な生活活動で，しかも各人ともに共通に毎日繰り返される一連の動作群をいう」とされている。一般的に ADL 動作として挙げられる具体的な項目には，起居動作，移動動作，食事動作，排泄動作，更衣動作，整容動作，入浴動作等の動作などの身の周りの日常生活活動が挙げられる。また，これらのほかにも ADL に関連する日常の生活活動としてコミュニケーションや，階段の昇降，電車や自動車などの交通機関の利用や，買い物や調理，洗濯などの生活活動もあり，こうした生活を自立させるための生活活動を，上述した基本的な身の周りの生活活動とのニュアンスの違いを明らかにするために，手段的 ADL と区別することもある。

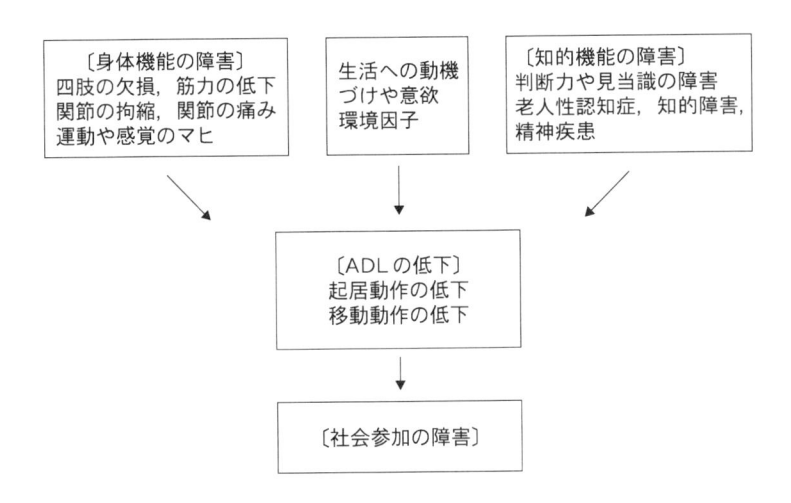

```
┌─────────────────┐  ┌─────────────┐  ┌─────────────────┐
│〔身体機能の障害〕│  │生活への動機 │  │〔知的機能の障害〕│
│四肢の欠損,筋力の低下│ │づけや意欲   │  │判断力や見当識の障害│
│関節の拘縮,関節の痛み│ │環境因子     │  │老人性認知症,知的障害,│
│運動や感覚のマヒ │  │             │  │精神疾患         │
└────────┬────────┘  └──────┬──────┘  └────────┬────────┘
         └──────────────┐   │   ┌──────────────┘
                        ↓   ↓   ↓
                   ┌──────────────┐
                   │〔ADLの低下〕 │
                   │起居動作の低下│
                   │移動動作の低下│
                   └──────┬───────┘
                          ↓
                   ┌──────────────┐
                   │〔社会参加の障害〕│
                   └──────────────┘
```

図1-1　心身機能の障害によるADL低下のプロセス

　通常，私たちはこうしたADLを，朝起きてから夜ベッドに入るまで毎日のように繰り返し行っているわけで，きわめてなじみの深い生活活動である。ここではこうした身の周りの生活活動を仮に，狭義のADLと呼ぶことにする。

　この狭義のADLの低下がいわば要介護状態の中心的な課題となる事柄であるが，ADLの低下をきたす要因としては，大きくは3つの事柄がある（西本，1997）[6]（図1-1参照）。ひとつはいうまでもなく身体機能の障害によるものであり，筋力の低下，姿勢保持の困難，運動や感覚の麻痺，関節の拘縮，また関節の痛みも，ときにADL低下の大きな要因となる。もうひとつの要素は，認知症をはじめとする認知能力や知的能力の障害である。失行や失認という高次脳機能障害も，ときに大きなADL低下の要因となる。むしろADL遂行能力の観点からいえば，知的能力の問題や高次脳機能障害のほうが影響は大きいといえるかもしれない。そしてもう一点は，利用者自身の行動への動機づけの不足や生活意欲の低下という問題がかかわってくる，

人的・物的な周辺環境の問題も影響が大きい。ADLを低下させる原因が，身体機能にあるにしても精神機能にあるとしても，介護サービスの提供がこうしたADLの低下を何とか最小限にとどめ，利用者の安全や健康の維持，そしてよりよい生活の支援を目的とすることには異論はないであろう。あくまでも介護サービスは，こうした心身機能が低下して自力での生活が困難になった人びとを対象とする活動であって，まさしくここが介護サービスの出発点ともなる事柄である。

　なぜあらためてこういうことを言うのかといえば，介護が，いわば身体機能の低下⇒ADLの低下を支援するということの意味を再確認したいからである。社会福祉士は，さまざまな社会資源を活用することによって利用者の社会復帰を遂げることに寄与し，理学療法士は，身体機能訓練を通してより強力な身体をつくりそれによって生活範囲を広げ生活の幅を広げることに寄与する。それらの原理と同じように，介護は，ADLへの支援により利用者たちのよりよい生活の実現を果たそうとするわけである。さらにつけ加えれば，より高いQOLを実現する一助となるということに目標を置いていることを再確認したいからである。本書のタイトルとして「美容福祉」というテーマを抱えた意味がここにあるわけで，それはもちろん単純に適切な介護サービスを提供することで利用者たちが元気になり，自立度が向上し，結果的に利用者を中心とする生活の諸条件が整っていくというような短絡的な想定をしているわけではない。しかし，適切な介護サービスの提供が必要とされるADLを確保するばかりでなく，利用者の喪失感を補い，まだまだ自分の人生捨てたもんじゃないと利用者たちが思うくらいの効果はなしうるに違いないと考えるからである。介護活動は介護の量と質が確保されるなかで，少しでも日常の生活レベルが確保されること，少しでも質の高い生活や満足できる生活を送ることの実現に目的があるからであるといえる。

2）ADL を支援することの意味——介護と介助

　さて，介護活動は，それが展開される場が居宅なのか施設なのかによって重点とすべき項目は異なってくることはあっても，こうした ADL を支援していくということは，介護活動のなかでどのような意味をもっているのであろうか。あらためて ADL を支援することがなぜ，利用者たちのよりよい生活の実現につながるのであろうか。言い換えれば，どのようなプロセスで介護サービスは ADL を支援し，何をどう変化させようとしていくのかという問題について述べてみたい。

A．ADL 評価の意味

　利用者の生活状態を知るためのアセスメントとして，ADL の評価がまず初めに行われる。ADL は生活の自立状況（裏を返せば依存状況）をみようというものであるから，ここで評価スケールとして用いられる ADL の評価は，それぞれの生活活動を項目ごとに見極め，分析的な手法でそこから生活の支援に必要な課題を見出そうとするものである。つまりもし自力でできない ADL があれば，「なぜそれができないのか」という問い返しから介護活動は始まる。ADL 評価の意味は，生活障害の原因となる疾病の有無や医学的な診断による身体状況からひとりの人間を知ろうとすることではなく，その身体がどのように使われているかを判定しようとする，生活障害を測定するための評価ツールであることを本質としている。

　たとえば，食事という生活行為が成り立つためには，体調や食欲はどうなのか，嚥下障害がなく口腔周囲の飲み込むという生理学的な反射のメカニズムが正常であるのか，物を口に運ぶという手や指の運動機能はどうなのか，そもそも食事に必要な姿勢をコントロールできているのだろうか，食べようとする食物の形態や素材の吟味，盛りつけや味付けはその人の要求にふさわしいものとなっているかなど，多くの「なぜ」という問題を解決していく必

要がある。すなわち，介護を進めていくためには，こうした多くの課題について分析的に状況を把握する必要が出てくるのである。健康な状態で生活している私たちの身体は大変精巧にできていて，たとえば尿意を感じてトイレに行くという実になんでもない日常生活で繰り返される排尿行為であっても，腎機能がしっかりと働いていて，尿をつくる→膀胱でしっかり尿を一定量貯めることができる→膀胱からの神経伝導路により大脳に蓄尿されたという情報を伝達できる→大脳で尿意を感じる→大脳がトイレに行くという一連の移動行為の開始を命令する→トイレに行きプライバシーを守るためのさまざまな条件を確認する→必要な脱衣動作を行い必要な姿勢をつくる→排尿の開始，というようないくつもの条件が備わっていて一連のプログラミングされた動作を遂行することではじめて成り立つ。ところがこの一連の動作が，認知症があったり，身体機能に不具合が生じると，トイレで排泄するということ自体が成立しなかったり，トイレの場所が判別できなかったり，衣服をうまく脱衣できないという状況になるわけである。すなわち，介護を進めていこうとするときに，私たちが行おうとするADLの評価は，「排泄に介助を要する」という結果を知ることに最終目標があるわけではなく，どのような要因によって起きている「要介護状態」であるのかという，その中身を知りたいわけである。

　こうしたADLという生活活動は，普段健康な状態にあるときには私たちにとってはとても当たり前に何気なく行っている行為であるにもかかわらず，それらの諸活動が何らかの支障をきたしている状態にあるために，それを援助しようとすれば，介護者の立場にある人にとっては多くのことを知らなければならない。そしてそのうえで，私たちは要介護の状態をつくる要因に応じた介護技術という多くの知識と技を駆使することによって「適切な状態」をつくっていくわけである。

B．生活障害の理解をより深めるための方法

　生活の障害を理解しようとするとき，さらに大事なことは，それぞれのADLの活動一つひとつが相互に無関係なものでも並列的に成り立っているわけでもなく，相互に関連をもちかかわりあるものとして成り立っているという理解である。たとえば，起居動作の自立なくして自力で座位を保つことはできないし，やはり起居動作の自立なくして食事動作の自立も考えられないということになる。またスプーンや箸を使えない人びとに洋服のボタンをかけることを要求することもできないはずである。少なくとも一般の家屋構造では，立つ，歩くといった移動動作の自立なくして入浴動作の自立も考えられないし，ベッドから車椅子への移乗動作ができなければ，おそらく車椅子から便器への移乗動作も困難であろうことも予想がつくわけである。

　ところが実際には，それぞれの利用者に要求してもよいことと，要求してもできないこと，場合によっては本人自身もやろうと望んでもできないことを私たちは何気なく要求していることも少なくないのではないだろうか。たとえば，トランスファーにおける介助の方法と入浴や更衣のときの介助の方法のつながりが見えないために，ベッドから車椅子へのトランスファーを行うときにはしっかり介助できていても，入浴の着替えのときには「しっかり踏ん張って立ってね」と言うだけで，ひたすらズボンをはかせることしか頭になく，介護者の目が足元にしかないために転倒させてしまったなどということはないであろうか。意外と歩行時やトランスファー時には十分な配慮はできても，着替えや食事介助の場面では，この「しっかりと立っている，しっかり座っていられるかどうか」という身体能力の問題が忘れられたりすることは少なくない。こうした失敗は，利用者の立位保持や坐位保持能力が全体像として理解されていれば防げる問題であろう。

　さて，介護の利用者が自力でできないADLを一つひとつ介助（あえて介

護とはいわないが）していくという仕事は，位置づけからすれば介護活動のあくまで一部であると考えられる。むしろ一部であるというよりも，ADLの支援は，介護の目的のためのひとつの手段であると考えたほうが適切である。筆者はここで断りなく介護と介助という言葉を使い分けている。この介助とは，いわば利用者本人ができないことを本人になり代わってなすということであり，たとえば，身体に障害があるためにひとりで排尿行為ができない場合に，トイレまでの移動の介助，衣服の脱着の介助，姿勢の保持や排尿後の後始末などについて，本人のできないことを手助けし，一つひとつの生活活動が円滑にいくように支援することである。この介助という行為は，あくまで利用者本人に行為遂行の主導権があり，その不足分を本人からの指示あるいは介護者の主体的な援助課題の発見により遂行していくことになる。あくまで介護サービスの利用者とそれを支援する援助者である介護者は別の人格をもち，それぞれがいわば有言無言の関係のもとに日々の支援が成り立つ。この関係のもとで，介助という介護行為を媒介にして，利用者と介護者が関係性をもっているという解釈が成り立つわけである。

　すなわちADL評価と分析から明らかにされる支援活動は，介護そのものというより，介護の重要な部分を占めてはいてもあくまでもそれは介助の課題なのであり，私たちが求めようとする介護活動の内容に介助は含まれるとしても，その集合体が介護になるわけではなさそうである。もちろん単純に介護＝介助＋αとは思わないが，具体的な身辺動作の介助は，介護活動が提供されるときに最も実態として目に見える部分であり，サービス利用者自身にとっても周囲の者にとっても，最も理解しやすい介護らしい部分でもあるために，しばしば混同される傾向にある。

◆4　手段としてのADL支援がめざすもの◆

　ADLが「当たり前の日常生活活動であり、私たち自身が特別に意識しないで何気なく行っている」がゆえに、ADL支援が曲者となる。当然年齢とともに成長すれば誰でもが自然にできるようになっていく生活活動であるがゆえに、その「ADLが自立し得なくなったという要介護の状態」を、その比較のなかでとらえることが難しい。ここに介護の専門性が成立しにくい背景が存在することになる。障害によりなし得ない状態は、未熟に対応する育児とは基本的に異なる。利用者たちは自分で自分の身体が思い通りにならないという混乱の状態にあるという理解が必要である。私たち自身が当たり前に何気なくやっているとしても、その背景には常にどんな些細な活動であっても身体機能のすべてが動員されているわけで、それらの諸活動が自力でなし得ない状態を手助けすることは、不足している心身能力を補うというより、もつれた糸をほぐすようなものであると理解しなければならない。だからこそ介護活動を始めるにあたって、より分析的なADL評価が必要であり、それにより日常の身辺動作の介助はより深みを増すのであるといってよいであろう。

　ある意味では、筆者はよりきめの細かい緻密な介護や介助は、分析的なアプローチでこそ成り立つものであると考えている。介護の本質がADL支援にあるということは、何をいまさらといわれるかもしれないし、あるいはそんなことはわかりきったことで、これからの介護はその先にあるという指摘も受けるかもしれない。しかし、筆者は介護の本質は、ADLの自立を図るというその支援のなかにあるのであり、問題はむしろADLへの支援の仕方にあると考えているからである。

　さらにいえば介護には、単一の目標があるというよりも、複数の目標があ

る。これらの目標のひとつは利用者の介護度の大きさ，たとえば介護保険というところの要介護度を指標にすれば，その要介護度の高さから発生する。要介護度の高さは，それだけ介護の活動が生命の維持という基本的な身体機能への介護という要素を強くする。介護のひとつの方向は，こうしたきめの細かい分析的な限りなく看護に近い介護に発展していく必要があろう。医学的ケアは当然ながら介護の業務ではない。しかしながら嚥下の問題に象徴されるように，限りなく医療的な要素の求められるケアが必要であることも事実である。

　介護と看護については，さまざまな論者がさまざまな角度から述べている。当初，看護からは介護の専門職の登場は戦々恐々として迎えられた経過をもっている。患者の世話をするのは看護師ではないのか。療養の世話をするのは看護師であって，看護師は病を抱える人間をみるとはよくいわれた言葉である。そこにあらためて介護という生活支援の専門家を創設しようとしたわけであるから，看護サイドとしては穏やかではない。介護と看護の役割や業務の違いについてはここでは触れないが，それにしても介護が看護から学ぶべきものはいまだ数多い。むしろ，看護から学ぶ必要のないものはないといってもよいであろう。安楽と安寧の技術，バイタルサインの変化の見方，急変を予想するための観察技術，苦難の状態にある人への心理的な支持，支えになる方法などについては，看護の長い歴史のなかでしっかりと確立している分野であろう。

　ここである著作を紹介したい。『ライフサポート』という米国のクリニカル・ナース・スペシャリスト，ナース・プラクティショナー，オンコロジー・ナースの３人の専門職ナースの一種のルポルタージュである。この書ではルポライターの力量によるものもあると思われるが，彼女たちの看護実践の詳細が実に生き生きと語られている。

「ジェニーは朝食を食べさせようとしているところだ。発作を起こした患者に物を食べさせるはとても難しい。もしもそれが適切な行為でなかったら，患者にとっても危険極まりないからだ。コーエン夫人に食べさせながら，ジェニーはずっと彼女の飲み込む能力を評価していた。飲み込むということは…（中略）…外からはうまく飲み込めているように見える患者も，実際には『無症状の誤嚥』を起こしているかもしれないので，看護婦（師）は常に発作を起こした患者の咀嚼する能力や嚥下の能力を評価しておく必要がある。だが，患者の中には，相手が話す言葉の意味を理解するのが困難な失語症の人がいる。そういった患者に『さあ，口を閉じてくださいね。そして嚙んでみて。次は飲み込んでね』などと言っても無駄だ。患者は，こういった単純な指示すら理解できないので，その評価も難しくなる。ジェニーのように熟練した看護婦（師）になると固めた食べ物をゆっくり食べさせて，催吐機能をみていく。簡単に誤嚥して別の場所に入っていかないように注意しながら評価するのだ……」。

　ここで登場するジェニー・チェイソンはクリニカル・ナース・スペシャリスト（修士号をもった高い臨床能力を備えた看護師）であって，いわば病棟における看護師をサポートする存在である。このジェニーの他の看護師への指導をみていると，すべからく国や場が違えども，このような素晴らしい看護が展開されていくプロセスは，介護活動が展開される過程としてもめざすもののひとつであると考えてもよいのではないだろうか。たとえば，嚥下障害のある者への食事介助の方法として，本来ここまでやる必要があるはずだと思うのは筆者だけであろうか。
　いうまでもなく老人福祉施設で，嚥下障害がある利用者たちへの食事介助という問題は，実際に介護従事者が日々行っている業務のひとつである。嚥

下障害がある者は決して珍しい人びとでもないし，まして毎日3度繰り返し行う介助活動のひとつである。特別に訓練された看護スタッフのみが最新の注意を払いながら行っている医療行為でもない。介護者が日常の仕事のなかで当たり前のこととして行っている普通の業務である。ではこの場面で介護者たちは，嚥下障害の危険性や観察すべきポイントについてどこまで理解してやっているだろうか。おそらくうまくやっているはずではあるとは思いつつも，一方で誤嚥による肺炎が起こっていないとどれだけ自信をもって主張できるだろうか。彼らのほとんどはその技術を経験的には学んでいるであろうから，少なくとも表面的には事故はまれなケースであるかもしれない。しかしながら，それは誤嚥とその結果起きた数時間あるいは数日後の発熱や肺炎との因果関係を十分に研究できていないだけかもしれないのである。とすれば，介護者にとっても，ジェニーが指摘するようなきちんとした嚥下能力の観察や把握のための能力をもちあわせる必要があると考えるのは過大な要求なのであろうか。なぜならば，嚥下障害のある者にとっては，文字通り命にかかわることである。

　さて，こうしたジェニーのような看護活動を介護活動が到達すべきひとつの目標とすべきかどうかという点については議論はあるだろうが，大事なことは，その対象者の健康とより快適な生活の構築のために，看護師や介護者がどこまで努力できるかという問いのみしかない。介護の場面でも少なくとも誰がどのような役割を担うかは別にして，これだけの配慮されたアプローチが必要であることは事実であるし，現実問題として私たちが十分な対応ができているとは思えない。慢性期であるからとか，高齢者には無理をさせないという大儀のもとであいまいにしていることはないだろうか。少なくとも介護の提供するサービスにはこんなシビアな側面もあるわけで，ここに介護の専門性を解くひとつの課題があるように思われる。もちろんすべての介護従事者がそこまで専門的なスキルを身につけるべきであるという一義的な主

張をするつもりはないし，現在の教育体制のなかでそれが現実的に可能であるとも思えない。しかしながら，誤った食事介助がときに利用者の生命をも危ぶませてしまうという危険性については，介護にかかわる者はもっと十分に熟知する必要があるし，自分がそういった嚥下障害のある者に食事介助をするだけの技量があるのかという判断を自らが下せるだけの状況はつくる必要がある。

さて，しかしながらこのように介護が限りなく看護に近づいていくことは，介護を深めることにつながっていくことにはなるかもしれないが，そこに介護の独自性や本質がみえてくるわけではない。やはり私たちは，生活支援のための介護活動のめざす目標を探さなければならない。もちろん介護の目的が分析を経て統合というプロセスのなかで，基本的な視点としての生活の再建に帰結されていくことになろうし，一つひとつの介助や介護活動が，さまざまなADLの項目ごとの介護という発想から抜け出て，生活障害をつくる種々の要因となる身体的状況や心理的な状況を統合的に解釈していくことで適切な介護課題を見つけ，さらにそれらの改善をすすめていくということで一人の人間の介護という物語をつくりだすことが実現していくものと考える。

◆5　集団処遇を前提とする介護から個別処遇への発展◆

1） ADLからQOLへの発展

介護のひとつの発展方向としてADLの障害を分析的にとらえ，さらにサービスを必要とする利用者の個別のニーズをとらえることで，よりきめの細かいサービスをつくっていくことが可能になるということはこれまで述べてきた。本章では逆に，要介護の状態をさまざまなADLの依存状況の集まりがつくりだす生活障害ととらえ，さらにその生活障害を改善させようとす

るための基本的な考え方について述べてみたい。そのためには再度一つひとつの ADL に注目して，それぞれの ADL の意味や価値を問い直し，ADL 諸活動それぞれの構造的な理解を深めることで，ADL の依存状態にある利用者がその生活の質を高め，社会性を身につけていくプロセスとして理解していく必要があろう。すなわち要介護の状態にある者が，介護という手助けを借りることで，一つひとつ階段を上るように QOL を高めていくことが可能になると考えるからである。

　まず，狭義の ADL を一人ひとりの生活への影響度，あるいは重みという観点からそれぞれの ADL の意味を問い直してみたい。たとえば，食事，排泄そして睡眠などは，人間が生命活動を営むために行われる基本的な諸活動として理解できる。その一方で，整容や入浴，更衣という生活活動は，上述した食事や排泄などとは少々ニュアンスが異なってくる活動である。なぜならば食事や排泄という問題は，それがどんなかたちであれできなければ数日のうちに生命維持に支障をきたす問題である一方で，整容や入浴，更衣という生活活動は快適に生活するという面からは問題であったとしても，直ちに生命活動に支障をきたすわけではない。こうして ADL の諸活動をみていくと，それぞれの生活活動の役割や生活における意味には同じレベルでは語ることのできない本質的な違いがあることがわかる。

　このように ADL をそれぞれの生活活動のつながりや相互の関連からみていくと，最も核になるものは人間の生存を確保するための基礎となる基本的 ADL である。最低限の生命維持に欠かせない食事，排泄，そしてそれを行うための寝返り，起き上がり，座位保持といった基本的な起居動作である。さらにその外周には，生活範囲を拡大しさらに多様な生活活動を営むための移乗動作を含む移動動作が位置する。この移動動作はそれ自体に意味があるというよりも，自らの欲求を満たすためにある場所に移動するという生活範囲を広げる目的をもつ生活活動である。

次に，更衣や，整容という「装い」の活動は，これらの生活活動のさらにその外周にくるものであると理解できる。これらは上述したように生命維持にとっては（すなわち生理的な要求に基づく活動としては）不可欠ではないけれども，生活している場や共に暮らす人，自分がかかわろうとする人びとを意識した活動であるといえる。他人を意識するということは他人と自分を違えて認識しているということであるから，人間が社会活動を行ううえでの重要な一歩となる意味をもつ。さらにいえば，装うという活動は場と人を意識したもので，自分をいかに見せるかという自己演出をともなう，自分自身の意思に裏づけられたある種の判断をともなう，自己表現活動であるといえる。言い換えれば，広く不特定多数の社会を意識したADLであると性格づけることができるのである。これらの意味から「装う」という活動は，人間らしい生活を維持するという観点から考えた場合に，それらの活動が食事や排泄とは違った意味で重要な価値があることに気づく（西本，2002b)[7]。人が寝食を行う日常の居室での生活から少しでも人とかかわり，日常の生活から一歩でも拡大させようと生活範囲を広げ社会的な生活を営もうとするとき，まさに重要な意味をもってくる活動である。

　これらのADLの関係を図示すると以下のような関係になる（図1-2）。冒頭でも述べたように人間の生活は，人に支えられて，社会のなかで成り立つことではじめて生活といえるものがつくられてくるから，先ほどの2重円にはさらに人とのかかわり・家族とのかかわりや，地域生活あるいは社会生活というもうひとつの円が登場してくることになる。装い活動は基本的な生活活動の外周にあり，さらにその外周にある社会的活動や対人活動が含まれる社会生活へと向かう境界線上にあると理解できる。

　介護がADLの支援を通してつくろうとする生活像はどこにあるのだろうか。モデルとして描く生活はあくまで普通の生活である。私たちが「生活」を思い浮かべるときにそこにあるものは，家族だんらんの食事であったり友

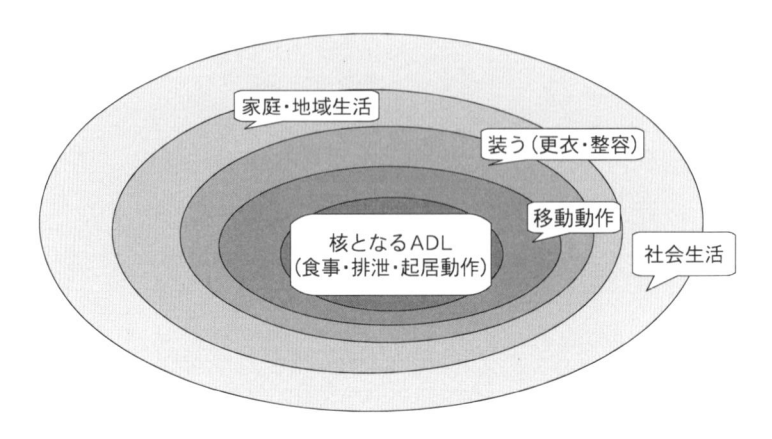

図1-2 ADLの階層構造と社会参加の促進を目的とする
同心円構造の生活モデル

人や知人との語らいであったりする。生命としての自分が自由であること，自由に自分の望む場に出かけられること，そして自由に自分が望む人と社会という場にかかわれることである。すなわち介護の目標とする「生活」とは漫然と生きている，ただただ生命を永らえるという状態像ではなく，「いきいきと生きている」という状態像である。

このように介護活動がADLを支援することによって目標とする生活像は，高いQOLの実現にあるといってよいであろう。QOLとはWHOによれば「一個人が生活する文化や価値観のなかで，目標や期待，基準，関心に関連した自分自身の人生の状況に対する認識」である。この外周へ向けて要介護者の生活水準が拡大していくプロセスが，いわば介護活動によって要介護者がQOLを高めていくプロセスであると考えられないであろうか。

2）個のニーズに応える介護とは何か
A．ADLの支援を通した個のニーズに応えるということ

ADLを核としながらも，基本的なADLを維持し守るための介護だけで

は，誰にも欠かせない生命の維持にかかわるものを対象としているわけであって，肝心なその人らしい自分だけのオリジナルなものについてはそれに含まれていない。その意味では介護活動を展開するうえでの個の追究という課題と，ADLの確保という課題は次元の違うかみ合わないものであるようにみえる。

　しかしながら，ADLの確保という介護も，より詳細にみていくと決して一様な介護活動が展開されているわけではない。Aさんの排泄介助もBさんの排泄介助も，それは排泄の介助という意味では同じに聞こえるかもしれないが，実際の介助の方法は大きく異なる。さらにいえば同じような障害であり同じような排泄能力をもっていたとしても，その排泄の介助の仕方は同じではない。衣服をどこまで下げるか，便器にどこまで深く腰掛けるか，上体はどの程度前傾させるのか，あるいは排泄後の身づくろいが先か，手洗いが先か，こうした一つひとつの手順ともいうべき身体の使い方や動作の細かな手順に至るまでみていくと，100人の利用者がいれば100通りの方法があろう。また介護者の側からみれば，これらのすべての手順について統一できるわけではない。そういった意味で，介助の動作一つひとつに至るまで検討すると，そこにはやはり利用者の側からみても介護者の側からみてもその人なりのやり方があることに気づく。

　すなわち個別の課題に応えるという介護は，何も非日常的なことを介護活動の範疇のなかでこなすことにあるわけではなく，ごくありふれた日常行為のなかにもれっきとしてあるということにまずは気づくべきであろう。ここでとらえようとしている課題は実は一言でいえば，利用者の生活における「より快適な生活の実現」という課題なのであって，その意味では「何を」という部分と「いかに」という部分の解決が求められている。もちろんここでいいたいのは，微に入り細に入り同じ介助をしなければならないということではないし，それは現実的ではない。実際に物事のやり方には一定の範囲

と一定の基準があるということであって，少なくともその介助行為に対して，介助される側が不快とならず，安全なやり方が実行されればよいということである。介助者によって多少のやり方の違いが生じるのはある意味では当然なのであって，大事なことは，違いはあるけれども，「あの人にやってもらうのはしんどいからイヤ」という思いをさせたり，逆にある介護者が通りすぎるのを待って自分にとってよい方法でやってくれる誰かが通りがかるのを待って声をかけるというような状況をつくらない程度には，私たちは配慮しなくてはならないということである。そのあたりの状況は，「波長が合う」という表現ができるかもしれない。波長が合う，あるいは共感する，sympathyを合わせるということは，何も言語的なコミュニケーションだけでいうのではなくて，こうした身体的な介護技術の展開の過程でも問われる事柄なのである。私たちは「何を」という部分では多くの場合に応えているであろう。しかし「いかに」という部分ではどれくらい応えきれているだろうか。この課題に十分な反省をもって取り組んでいるだろうか。簡単に回答のないことに気づいているだろうか。介護場面における個別性の追求という課題では，このあたりの事柄も考える必要がある。

　もうひとつの側面は，あるひとつの介助も時間の経過のなかでとらえる必要があるということである。ある日のAさんの排泄介助，と言ってしまえばそれだけのことであっても，たとえばAさんにとっては久方ぶりのトイレでの排泄であったとしたら，これは大きな意味があるし，いつもとは違う今日の介助に比べられない価値が生まれるわけである。ここでみるように，個別の要求をとらえるというのはこういうことであって，ひとつの生活行為にどれだけ深いしかも歴史的な意味を見出しうるのかという問題に思い当たることが，個別の介護につながっていくものと考える。とすればADLの介助にもそこにもやはり個性があるということに気づくのである。

B．生活の多様性や創造的な介護を展開するということ

　これからの介護を考えるうえでは，さらにもうひとつ違った視点が必要となる。生活の支援という視点からみたときの，利用者のニーズの個別性にどうかかわるのかという問題である。介護が集団的な施設での処遇をモデリングする時代は，これからの介護を考えた場合には正しいとは思えない。これからの介護という課題からみれば，介護が，利用者の「個」という問題にいかにかかわるべきかというのが重要な課題となろう。介護がこうした発展を遂げてはじめて，在宅を中心とする介護サービスのモデリングが可能となるであろう。ユニットケアをめぐる動きもこの延長線上で考えられるが，ここで問題にしたい事柄は，施設内の運営上の課題ではなく，より内在的な意味での一人ひとりの介護者のなかにある「介護の仕事」という課題を，どのように方向づけるかというものである。

　介護の目標が「利用者の当たり前の生活」の実現にあるとしたら，次に問題になってくることは，では「当たり前の生活とは何か」という問題である。ここであらためて私たちの「生活」という問題を考えていくと，介護がその業務の対象としているADLとは，誰にも共通する生活活動であって，生活を構成する重要な要素ではあっても生活そのものではない。私たちが要介護の状態になったときに欲している生活というものは，ADLが自立することは必要条件の一部ではあっても，それだけで十分条件が満たされるわけではない。「生活」という言葉を私たちはどのように使っているだろうか。施設のなかでよく「ここでは利用者の方々の生活を大事にしています」，あるいは「家庭のように暮らせることを目標としています」という言葉が聞かれる。しかしここで意味する「家庭のような生活」とは何であろうか。また，それは本当に可能なのであろうか。生活とは，第一義的には人間としての生存の維持と再生産の場であるということができるし，さらには社会的な存在としての人間の生活を実現する場であるとも考えることができる。社会

的な役割をもち，生産にかかわり，人と人との間柄を築いて，しかも主体的に生きていける状態をいかにつくりだすのかという問題である。普通，私たちが自分自身の生活を振り返りどこに自分らしさを見出すのかといえば，いくつかの要素がみえてくる。

(1) 過去から現在，そして未来とつながるその人らしい生き方ができているか。
(2) 一つひとつの生活場面における「生活の仕方」が，自分で納得できるもので，しかも「快」であること。
(3) 自分自身が支持されている集団のなかで，喜びをもって楽しめる多面的な生活。
(4) これまでの生活習慣，生活における価値観，自己決定権の尊重。

とくに日本人のように勤勉であることが国是のように身についている国民性からは，自由であることと気ままなことというのが区別つきにくいため，極端な言い方をすれば，集団生活である福祉施設において自由にのびのびと生活することは支持されても，気ままにさらにいえば自堕落に暮らすことは許されないという認識がある。言葉の遊びをするつもりはない。その両者はどこかで行動規範があり，どこかで線引きされる事柄ではなく，誰が生活の決定権や主体性をもっているかという違いである。気ままであるとか自堕落であるとかいうことは，いうなれば他者が他者を評価するときに用いる価値基準であり，自由である状態とは，他者からみることのできる生活のありようを問題にしているのではなく，生活の自己決定がしっかりあり，自らの意思に基づく制御された生き方をしているという状態である。利用者の一人ひとりの生活の実現という課題をしっかりととらえるならば，「いきいきと生きることを手助けする」という課題を介護がどのようにとらえ，取り組んで

いくのかという課題である。こうした利用者の要求は一言でいえば，介護により「自分らしい生活が取り戻せる」，あるいは「介護により自分らしい生活をつくることができる」ことを介護がなしうることができたときに，はじめて実現できたといえるのであろう。

今後，介護はこの「自分らしい生活」をどう具現化していくのか，個室での生活が当たり前の施設における処遇の場面では，職員にとってはなかなか判断と解決のつかない大きな問題を投げかけるであろう。ましてやこれが日頃元気で闊達に生活できる頑強な人びとであればともかく，少なくとも他人の手助けを得ないと生存の自由さえ確保がおぼつかない人びとであるわけであるから，こうした状況における自由でのびのびとした生活を送ることとはどのような生活のありようなのかという自問を，私たちは繰り返していくことになるであろう。しかし極論であるとお叱りを覚悟でいえば，利用者の勝手気ままな自堕落な生活は介入すべき状態であるのか，という自問もしなければならないのではないだろうか。健康上好ましくないという理由で，施設生活における飲酒や喫煙をどう考えるかという古くて新しい問題は解決されていない。むしろ，解決すべき問題なのかという問いかけも，あらためて必要であるかもしれない。

現在の状況は，少なくとも手段としては，介護という支援方法は飲酒や喫煙を管理することに十分に社会的に支持されうる基盤をもっているということである。しかし，これは本当に主体性を尊重するということと矛盾しないのであろうか。たとえば個室での生活が当たり前のことになってきたら，そのなかで行われる生活そのものは，健康に良いことも悪いことも含めて「個人の自由」に属することとして定着してくるであろうし，物理的にも介護者がそのなかに入って生活のこまごましたことにまで口を出し干渉することは，制限されてくるように思われるのである。今まで当たり前と思われてきたことについても，もう少し再吟味が必要となってくるかもしれない。そこ

ではあらめて，生活とは何か，福祉施設が個人の生活の保障として何を保障すべきなのかという問題は，重要な課題となるであろう。人間が人間らしく生きていくうえで実に最も大切なものは，自分らしさの確保という問題なのである。このことを追求することこそ，実は利用者の主体性と個別性を尊重することにつながっていくのではないだろうか。

こうした変化は利用者にとってはもちろん歓迎すべき事柄であるとともに，介護従事者にとっても好ましい方向である。介護活動本来の目的から利用者の主体性の尊重やニーズの実現という流れでみれば，たとえば時間に追われた介護サービスの提供からは何ももたらさないことは明らかである。なぜ，皆が同じ時間に食事をし，入浴し，排泄介助を受けなければならないか。答えは明瞭である。少ない職員でいかに効率よく「作業」を済ませるかという観点から生まれたものであるからである。

しかしこんなやり方に満足している利用者もいなければ，介護者もいるわけがない。専門職としての介護者の多くは，利用者の笑顔を見るときが最も自分が利用者に役に立っているということが感じられ，仕事としてのやりがいを感じているときなのである。実は介護はある種の前提から出発している。人を手助けできることは喜びであるという前提である。もし介護者の資質にひとつの条件があるとするならば，それは唯一この喜びを味わうことのできる人というものであろう。そしてこの条件だけは，実は世のほとんどの人びとがもっているのである。それゆえに，介護は誰でもできるという主張に真実があるとすれば，この部分がそれに該当する。もちろんその幅は人によりかなり違うものがあるし，その表れ方も大きく異なるが。

さらなる介護サービスの発展を考えれば，介護者の自己実現もより高いレベルで図られる必要がある。それは社会的な地位の向上であるとか給与水準の問題であるとか，それらのこともももちろん重要ではあるが，介護者と利用者の関係における自己実現という課題にどうやったら気づくことができるの

かという問題である。これまで介護の利用者たちの個が語られることはあっても，後者の介護者自身の個については語られることが少なかった。あらためて介護者自身がどう育っていくのか，またその実現のために何を論じ，何を整備していく必要があるのかという問題も正面から論じられるべきであろう。

【引用文献】

1) 副田義也（1987）「老人福祉の構造原理」『老いの発見5　老いと社会システム』岩波書店　参照
2) 砂原茂一（1988）「核と境界線：名称独占と業務独占をめぐって」『理学療法と作業療法』第22巻第2号　医学書院　p. 83
3) 和辻哲郎（1934）『人間の学としての倫理学』岩波書店　p. 8
4) 中村裕子（2003）「介護福祉士に求められる"新たな専門性"と"生命を見つめる視点"」『介護福祉教育』第9巻第1号　p. 19
5) 西本典良（2002a）「介護従事者養成校からみる介護労働負担とやりがいについて」『老健』第13巻第2号　老人保健施設協会　参照
6) 西本典良（1997）『動作をみる介護：リハビリテーションの応用で介護力を高める』誠信書房　参照
7) 西本典良（2002b）「高齢者・障害者のADLの充実と社会参加促進のための衣服の役割」『別冊総合ケア　衣生活と介護』医歯薬出版　参照

【参考文献】

1) 介護福祉学研究会（2002）『介護福祉学』中央法規出版
2) 木下康仁（1989）『老人ケアの社会学』医学書院
3) 木下康仁（1993）『老人ケアの人間学』医学書院
4) 木下康仁（1997）『ケアと老いの祝福』医学書院
5) ミルトン・メイヤロフ著，田村真，向野宣之訳（1987）『ケアの本質』ゆみる出版
6) 岡本多喜子（1993）『老人福祉法の制定』誠信書房

第2章

装う心はバリアフリー

化粧によるポジティブケア

日比野 英子

◇はじめに◇

　ライフスタイルという語があるが，あなたのライフスタイルはどのようなものだろうか。衣食の習慣や，運動・休養の取り方，喫煙や飲酒の嗜癖等についてのこだわりはあるだろうか。健康にとって良い習慣と悪い習慣があるという観点とは別に，ライフスタイルのありようはその人のアイデンティティーにもかかわってくる心理的な側面があると考えられる。成人期につくりあげたライフスタイルは，その人の自己像と深く結びついており，晩年になっても維持したいと望まれるのが自然であり，尊重されるべきではないだろうか。

　年をとっても，多少身体が不自由になっても，気に入った生活習慣が，誰もが「私はこうなのだ」と思っているスタイルが保たれることによって，自尊心をもち続けられ，安定した気持ちでそれまでの人生を振り返ったり，これからの自分の時間を楽しむこともしやすくなると考える。

　本章では，生活習慣のひとつと考えられる「化粧」が女性の心にもたらす効果について考えてみたい。かつては，外見と心は対極にあるもの，あるいは関係がないものと考えられてきた。着飾っていても不幸な人もいるとか，「ボロを着ても心は錦」といった表現を聞かれたこともあるだろう。こういうことはまったくないとは言い切れないが，極端で現実的ではないように思える。この現代社会に生活するたいていの人は，気に入った装いや化粧を施すことでやる気を引き出したり，安らぎをもたらされたり，心にポジティブな効果をもたらしてくれるという経験をもっているのではないだろうか。これは，女性に関しては，若い人もお年寄りも，健康な人も，心身に障害のある人も，ほぼ同じような効果があることが最近の研究からわかってきている。

本章では,まず化粧の心理的効果について説明し,次に化粧の臨床的応用として精神障害者の場合,さまざまな高齢者の場合について述べ,そして最後に装い・粧いの介護について提言したい。

◆1　化粧の心理的効果◆

女性にとっても男性にとっても,機能性に富みおしゃれな装いが気分をよくしてくれるだろうということは想像しやすいことであるが,これは科学的に実証するにはなかなか複雑な事象である。筆者は感情や情緒を扱う心理学(感情心理学)の研究をしていてこの課題に出合ったのであるが,装いの一部であり生活習慣のひとつと考えられる化粧に限定してアプローチすることにした。ここではまず,女性一般にとって,化粧はどのような心理学的意味をもっているのかについての研究をいくつかご紹介したい。

筆者がこの研究を始めたのとほぼ同じころ(1980年代),社会心理学の研究者たちも化粧の研究にとりかかっていた。社会心理学というのは人間関係を研究対象とする分野である。まずは,化粧が人間関係にどのような影響を及ぼすのかという論点から出発した研究を次に挙げるが,これらは本章の基本であるので,ぜひご理解いただきたい。

1)　化粧の動機・目的・理由

女性は何のために化粧をするのか。松井ら(1983)[1]の調査によると,「人によい印象を与えたい」「肌の色などのカバー」「肌を守る」「仕事や立場上から」といったものが回答率の高い答えであった。このような結果を端的に表すと,化粧の動機,目的,理由は,自分の顔の「印象管理」と「肌の手入れ」の2つに集約できるように考えられる。

印象管理については主にメーキャップ化粧が対応し,肌の手入れについて

は基礎化粧が担当している。女性の読者にとっては蛇足だろうが，基礎化粧とは洗顔や化粧水・乳液等を用いて肌の健康維持・保護を行うことで，メイクアップとはファンデーションで肌の色や肌理(きめ)を整えたり，口紅で唇の形や色をデザインすることを指している。女性にも男性にもメーキャップを好まない方はおられるが，基礎化粧をしないという女性にはほとんど出会わない。このことから，化粧の基本は「ケア」であり，「デザイン」は第二の目的といえよう。

身体全体のなかで，顔には感覚器・呼吸器・消化器等の重要な器官が多く集中しており，この部分の清潔保持・健康維持は欠かせない。また機能面のみならず，顔は個人を代表し象徴する部位であり，最も目立つ部位であるという性質をもっている。

加えて，私たちは生まれつき顔が気になる存在なのである。ファンツ（Fantz, 1961）[2]によれば，私たち人間は生後2カ月から，人の顔を選択的に好んで注視する傾向がある。またフィールド（Field, 1982）[3]によれば，いまだ鏡を見たこともない新生児が，目の前の母親の顔と自分の顔が同じ構造と機能をもっていることを生得的に知っている。私たちにとって，顔は身体の一部という以上の特別な意味があり，自分の顔も他者の顔も，好むと好まざるにかかわらず否応なしに注意が向くものなのである。

このように，二重三重に重要性をもつ顔が汚れていたり，傷んでいたりすることは，心身両面の健康によい影響を与えるはずはないだろう。顔の手入れは，個人の健康と尊厳を保つ，重要な整容行為と考えられる。

2） 化粧の対人効果

図2-1は大坊（1996）[4]による化粧の対自己効果と対人効果を表している。よく化粧は，他者に対して自分を若く美しく見せるために施されるといわれる。これは対人効果である。化粧することによって，他者による自己の評価

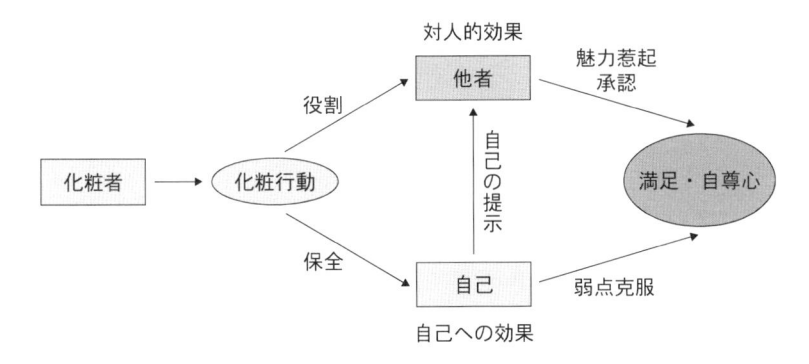

図 2-1　化粧の対自己効果と対人効果（大坊, 1996）[4]

が高まれば，化粧者自身は満足感や自尊心が高まる。このような成功経験が，よりいっそう化粧行為をうながすこともご理解いただけると思う。まさに化粧の効果は循環するのである。

　グラハムとファーンハム（Graham & Furnham, 1981）[5]は対人効果の内容を実験的に調べて，女性は素顔より化粧を施したほうがより女性的で身体的魅力があり，成熟しているとみなされ，さらに誠実で社交的，自信があり，努力家とみなされるという結果を報告している。外見のみならず，性格の評価まで違ってくるのだ。これは私たちの心のなかに，「美しい人＝よい人」というステレオタイプがあることと関連しているものだろう。テレビや映画の正義の味方や心優しいヒロインは，たいてい美男美女であることからもうなずいていただけると思われる。

　図2-1には，化粧行動が役割と関係して行われることも表されているが，これは，上述の化粧の動機・目的についての調査の回答にあった，「仕事や立場上から」ということに相当する。これについての極端な例として，演劇での役作りのための化粧がある。私たちは，役者ほどでなくても何らかの役割を担って他者と出会っている。職業人として信頼を得やすい外見をつくるため，あるいは相手への敬意を表すためなど，役割遂行に好都合な化粧を施

第2章　装う心はバリアフリー

す。よく耳にする「TPO に合わせた装い」という表現も「役割に適した装い」と言い換えることもできるだろう。

　1966 年に労働科学研究所が実際の職場で実験を行い，「オフィスレディーに化粧を禁ずると，疲労が蓄積し仕事の能率低下や仕事に対する嫌悪感が高まる」という結果を報告している。今から 40 年近く前のことだが，当時はまだ OL が化粧をすることに否定的な職場もあったようで，画期的な研究成果であった。当時のある新聞にも「お化粧するのも会社のため・女の素顔は能率の敵『鏡に向かうと気分回復』」と大きく取り上げられた。化粧によって欠点をカバーし，自信をもって仕事に臨むと労働意欲も向上するのだろうし，ちょっとした化粧直しの時間も疲労回復・ストレス解消の有効な手段のようだ。

　以上のような研究結果から，役割遂行に適した化粧をすることによって，他者から信頼され，魅力的で好ましい性格とみなされたと思われる経験が豊富な女性ほど，より化粧行動が促進されることになると考えられる。

3）　化粧の対自己効果

　上述のように化粧は，他人の目を意識して施されることは否めないのであるが，その効果は他者に出会う以前から現れる。女性の読者には，日頃鏡の前で気分が変わっていくのを経験されていて，自明のこととご理解いただけると思う。

　1989 年の資生堂の調査によると，15～64 歳の女性 1,448 人に，朝と夜のスキンケアのときに，どんな気持ちを感じるかをたずねたところ，朝は「すっきりする」，夜は「ほっとする」という答えが最も多かったという。朝起きて洗顔してスキンケアをすると，すっきりした気分・しゃきっとした気持ちになり，一日をスタートさせるやる気が出てくるのだろう。夜は自宅で，メイクアップを落として，洗顔→スキンケアにより，リラックスした気

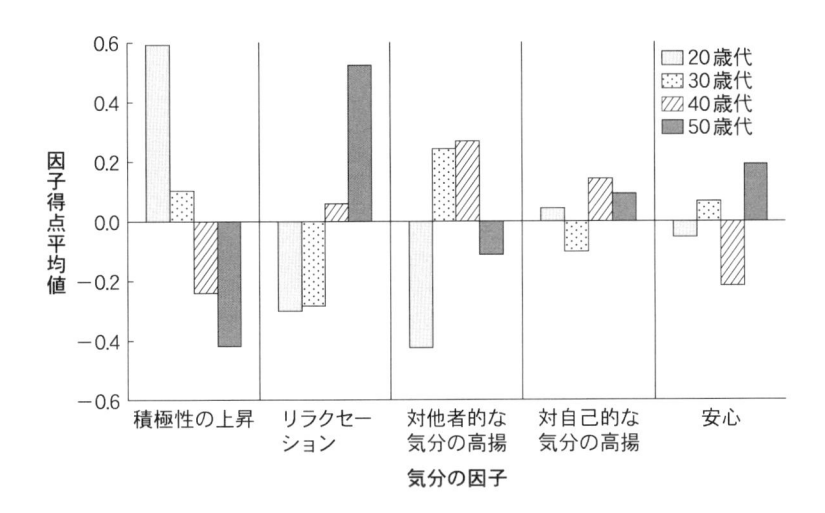

図 2-2 さまざまな年齢層における化粧による気分の変化（宇山ら 1990）[6]

分になれると理解できる。

　また，資生堂の宇山ら（1990）[6]による，「メイクアップするとどういう気持ちになるか」という質問に対しては，年代によって異なる答えが返ってきた。20 歳代の女性は積極性が高まり，30〜40 歳代は活力が感じられ，50 歳代ではリラックスするという傾向がみられた（図 2-2）。

　以上の 2 つの調査結果から，化粧には，やる気を引き出し積極性を高める気分の高揚作用と，安心・リラックスさせる鎮静作用が併存することがわかる。化粧する状況，化粧の内容，用いる人の年齢等により，まったく反対の心理面の効果が生じているのである。

　余語ら（1990）[7]は実験によって化粧による感情の変化の測定を行った。被験者に，①素顔のとき，②自分で化粧した（普段の化粧）とき，③メイクアップアーティストに施術されたときの 3 つの条件下において，感情状態を調べる質問紙に記入してもらったところ，素顔のときより化粧しているときのほうが自信と満足感が高いこと（図 2-3）と，快適な覚醒感が高まること

第 2 章　装う心はバリアフリー

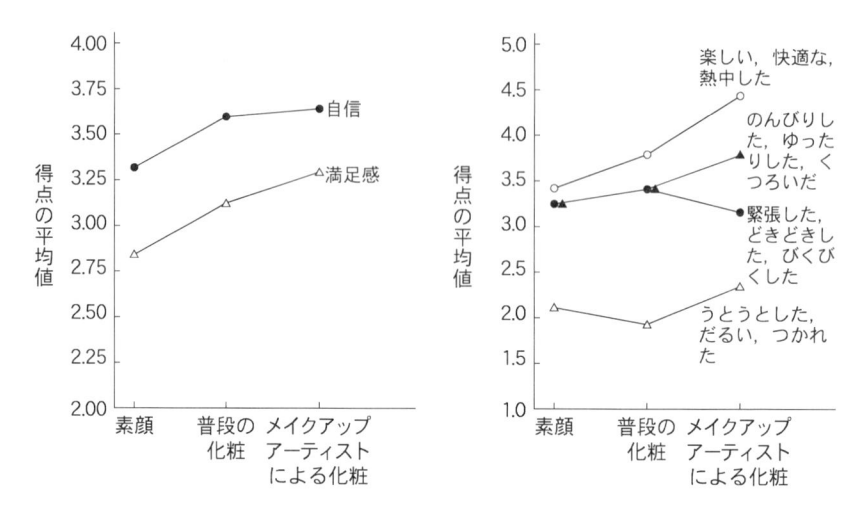

図2-3 自信と満足度の変化（余語ら，1990）[7]

図2-4 覚醒感の変化（余語ら，1990）[7]

（図2-4），素顔，普段の化粧，メイクアップアーティストによる化粧の順に不安が低下すること（図2-5）がわかった。また，図2-6は3条件での女性の声の高さを測定したものであるが，素顔よりも自分で化粧を施したほうが高くなり，メイクアップアーティストに施術されると著しく高くなっている。声が高くなるのは，緊張していることを表しているが，この場合は快い緊張感であると考えられる。電話に出ると声が高くなる女性をご存じの読者も多いのではないかと思われるが，このようなときは，ちょっと気取ったすました感情状態がうかがえるのである。また，図2-7は3つの実験条件における2分間に生起した微笑回数を表している。素顔・普段の化粧・メイクアップアーティストによる化粧の順に多くなっている。化粧することにより思わずにっこりされたのか，あるいは自信を得ていっそう積極的に表情も装う行為がうながされたのかもしれない。対人場面でも好感をもたれる表情をつくるための，一種のウォーミングアップなのではないだろうか。この実験では，化粧の高揚作用による効果がより詳細に明らかにされたといえよう。

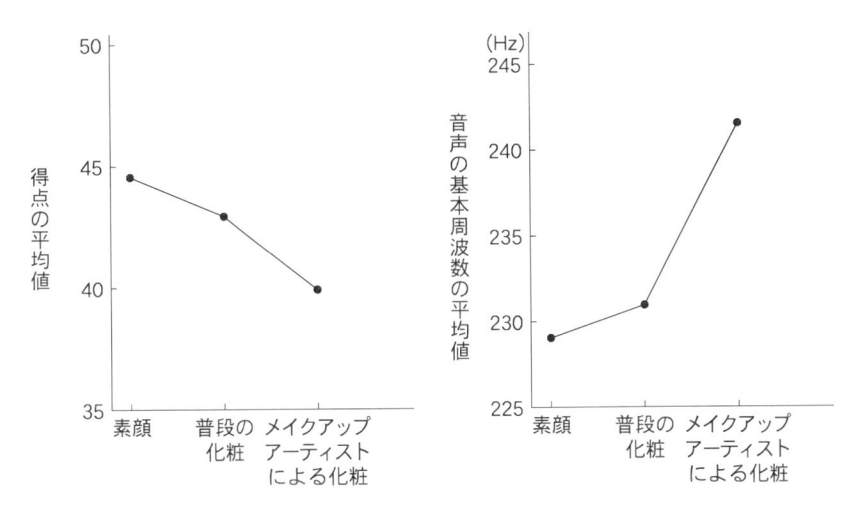

図 2-5　不安の変化（余語ら，1990）[7]

図 2-6　声の高さの変化（余語ら，1990）[7]

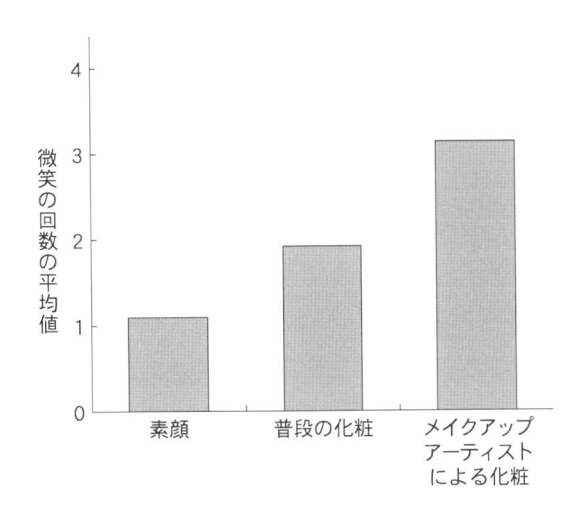

図 2-7　鏡に向かって微笑む頻度（2分間）（余語ら，1990）[7]

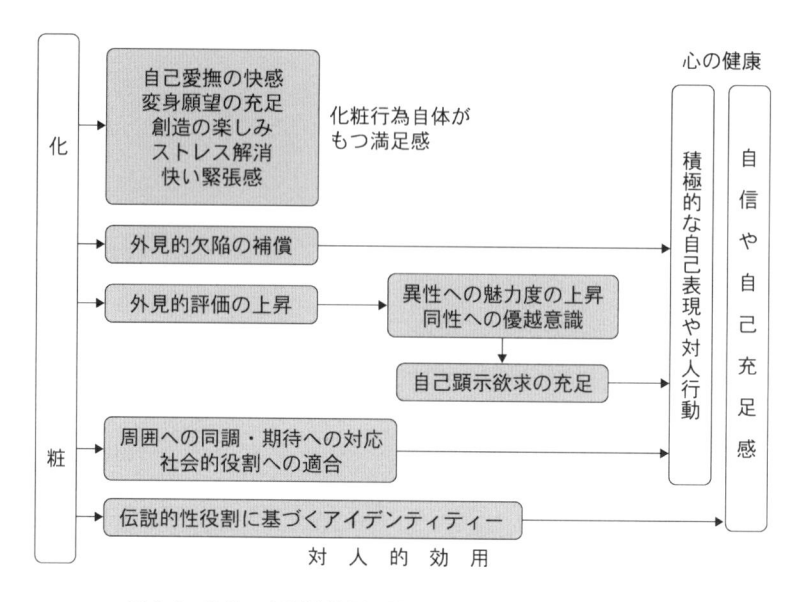

図2-8 化粧の心理的効用に関するモデル図（松井，1993）[9]

　では，もうひとつの鎮静作用の実験というと，フェイシャルマッサージの効果を測定したものが挙げられる。阿部（1993）[8]によると，フェイシャルマッサージを施術すると，心拍と脳波に変化がみられ，自律神経系および中枢系の鎮静効果が認められた。換言すると，リラクセーション効果であり，ほっとしていることがうかがえる。これはストレス対策としての可能性を示唆している。

　以上をまとめると，化粧には対人効果と対自己効果があり，対人効果も結局は自己に還元され，いずれの効果も化粧者自身に自信や満足感をもたらす。また，化粧には高揚作用と鎮静作用があり，高揚作用によって他者に対して自己を表現したり，意欲的に課題や仕事に取り組んだりする社会的積極性が高まり，鎮静作用によって穏やかなくつろいだ気分になるという心理的

安定性がもたらされる。図2-8は，松井（1993）[9]による化粧の心理的効用を総合的にまとめたモデル図である。化粧が心の健康に大いに貢献していることが表されている。

◆2　障害者・高齢者への化粧の臨床的応用◆

　化粧にこれまで説明したような心理的効用が認められるのなら，心を病んでいる女性にも快さを与え，その情動を活性化させる効果があるのではないかという発想から，筆者らの臨床的な研究が1989年に始動した。次に筆者が携わった精神障害者を対象とした産学共同の研究（浜ら，1990）[10]と，それに続く高齢者を対象とした研究を紹介する。

１）　化粧による情動活性化の研究
　精神科病棟に入院中の患者さんたちのご協力を得て，うつ状態と統合失調症を患っておられる方々に，毎週1回，全10回の専門家による化粧施術を行い，その心理的効果を測定した。その事例のなかから，ある統合失調症（精神分裂病）患者のAさんの例を紹介する。

A．統合失調症患者の事例
　Aさんは37歳の女性で，入院歴は20年になり，化粧をされた経験はまったくなかった。慢性期の陰性症状を呈しており，感情の鈍麻や意欲の低下，自閉的態度がみられた。当時はまだ陰性症状に有効な薬は使われていなかった。そこで，化粧施術によって感情（情動）を活性化させようということをねらいとした。
　Aさんは，毎回看護師さんに連れられて，閉鎖病棟から外来にしつらえられた化粧室にやってきた。最初は緊張気味で，化粧施術者との会話もぎこちないものであった。病棟からひとりだけ呼び出されて連れてこられるのだ

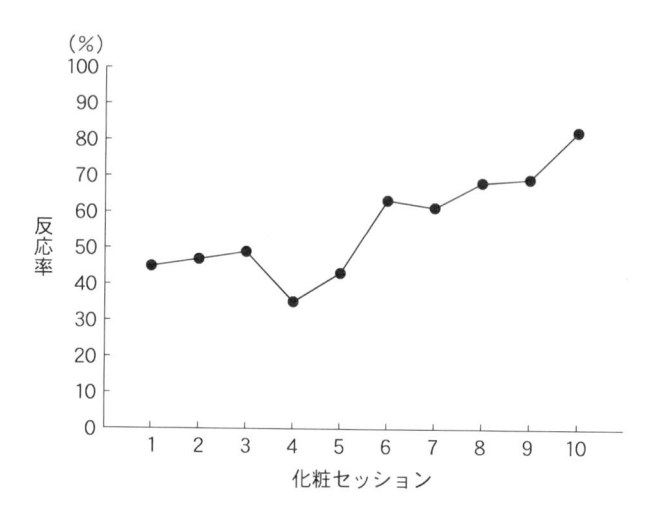

図 2-9　統合失調症の事例における問いかけに対する反応率
（Hibino et al., 1992）[11]

から，緊張されるのも無理ないことであっただろう。図 2-9 は施術者からの話しかけに対して A さんが答えた反応率（％）を表している。初回（第 1 セッション，第 1 週）は 50％以下だった反応率が回を追うごとに上昇していく様子が表されている。途中 4 回目に低い値になっているが，これは服薬後 1 時間くらいの眠気の強い時間であったためである。6 回目くらいになると自発的に「そばかすを隠してほしい」と要望を述べたり，メイクアップ後に「かわいい」と感想をもらしたりした。最終回の 10 回目には，80％以上の反応率を示した。

変化は言語面のみならず表情にも現れた。化粧施術の間，その様子を他室のモニターテレビで見守っていた主治医は，「A さんの笑顔を初めて観たよ」と感慨深げであった。

図 2-10 は，A さんの化粧前と化粧後の声の高さを表している。いずれの回も化粧後のほうが高くなっている。覚醒度が高まっていることを示してい

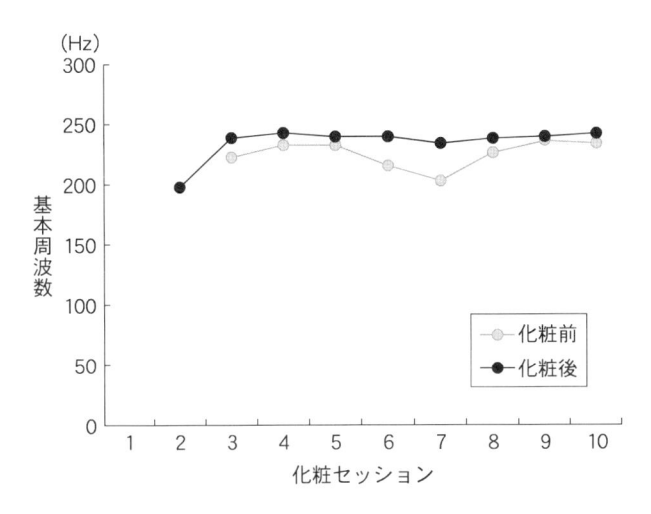

図2-10 統合失調症の事例における化粧前後の音声の基本周波数の変化
(Hibino et al., 1992)[11]

る。ぼーっとした状態から，少し感情が動き出しているようである。これは前述の健常な女性と同じ変化（図2-6）であり，化粧後は快く，ちょっと興奮していることがうかがえる。

　この事例から，病歴の長い統合失調症患者の場合でも，化粧によって情動を快方向へ活性化でき，他者との交流が活発になるという社会的積極性が高まる可能性が見出された。

　以上のような精神障害者を対象とした一連の研究から，少数の事例ながら，化粧は統合失調症の女性にも心理的効用があることが示唆され，また，うつ状態から回復しつつある女性の事例でも，社会復帰前の心理的リハビリテーションとしての可能性が認められた。

　そこで次は，高齢の女性にも効果があるのではないか，抑うつ的な気分の高齢者のお役に立つかもしれない，あるいは認知症（痴呆）の症状がある場合でも情動の機能は損なわれていないと考えられるので，残存機能の保持の

ために試みてみようと，次のような研究が行われた。

B. 高齢者の事例

筆者と同じ研究グループの研究者たちは，認知症やマヒなどの症状がみられる高齢者とそのご家族にご協力いただいて，筆者とほぼ同じ手続きの実験的研究を行った。

浜・浅井（1992）[12]の研究に参加されたBさん（64歳，アルツハイマー型認知症）は，甲高い声で話し，非常に多弁で落ち着きがなく，周囲の人びとを疲れさせていた。ところが，化粧施術を始めると，自分の鏡像にじっと見入り，口数も減り，メイクアップが仕上がると背筋を伸ばして笑顔をつくる様子が観察された。その後，実生活の場でも髪の手入れを希望され，美容院で3時間，穏やかな表情で施術を受け家族を驚かせた。Cさん（64歳，アルツハイマー型認知症）は，気分の変化が激しく，不機嫌になりやすかった。徘徊もみられ，1カ所に5分もとどまっていられない。しかし，化粧室の鏡の前では，最初から椅子から降りることもなく，回を重ねていくと，他の場面でも，たとえば病院の診察室やリハビリテーション室でも落ち着いて，これまでのように部屋から出ていこうとすることがなくなったというエピソードが報告された。Dさん（66歳，緩徐進行性失語症）は，抑うつ的で引きこもりがちであり，鏡を見ることも避けていた。しかしこの方も化粧施術の初回から，化粧が仕上がっていくにつれて，鏡を見入るようになり，回が進むと自ら手鏡を取って丹念に見入るようになった。家庭では，食器洗いや掃除などの家事をするようになったり，散歩にも出かけるようになった。

浜・伊波（1993）[13]は，老人保健施設の協力を得て，施設内に化粧室（研究用）を設定し，さらに高齢の女性を対象とした研究を行った。Eさん（82歳，軽度の脳血管型認知症）は日常生活では特に大きな問題はなかったものの，家族以外の人づき合いが少なく抑うつ的であった。しかし，化粧施術が始ま

ると，第1回から鏡をよく見るようになり，日常生活ではコンパクトを持ち歩くようになった。また，他の利用者にも呼びかけて一緒に来室するようにもなり，化粧施術の機会を得て，自己についての肯定的な意識と，他者との交流という社会性が高まったと考えられる。

　B～Eさんの事例にみられるように，ご家族や職員の方々からいただいた報告には，化粧室外（日常生活）の場での効果が反映されている。筆者は，今後は化粧室内の化粧の直前・直後の精密な測定による変化のみならず，日常生活での変化も十分に取り上げて検討することが必要と考えた。後者は，人間の生活の等身大のデータであるし，実際に期待されていることにマッチしていると考えている。

　これまでの研究から，高齢者の周囲の方々からの報告をまとめてみると，その内容は次の3つの項目に集約される。

　まず1番めは，自己への関心の増大である。これは鏡をよく見るようになったり，髪を整えることに関心を示したり，実際に美容院へ行ってみるとか服装に気を遣うといった行動を指している。実際に80～100歳の女性にインタビューしてみると，鏡など見ないという人の多いことに驚く。

　2番めは，社会的積極性の上昇である。他者からの働きかけに応じたり，他者へ働きかけたりする言動の増大を表している。

　3番めは，問題行動・症状の軽減である。多動・多弁の方が，一定時間じっとしていられるようになったり，いるべきところに落ち着いていられたりする，あるいは，易怒的気分の人が落ち着いて穏やかな表情になったりすることを指している。これは化粧の鎮静作用によるものであるが，反対に高揚作用によって，抑うつ的気分が改善され，家事や病前の習慣を再開することもみられた。いずれの変化も，心理的安定性が高まり，その場に適した行動がとれるようになってきたといえよう。自己コントロールの力が高まったとも考えられる。

2） 高齢者研究の難しさ

　心理学の実験的研究では，得られたデータを統計処理して結果を導き出すが，高齢者を対象とした本研究の場合，実にいろいろな指標を設定してデータを得てそれを処理しても，統計的に意味のある結果がなかなか導き出せない。どんなに精密に測定しても，統計処理の結果が有意なものでなければ，結論を出せないことになってしまう。たとえば前述の声の高さを測定しても，高齢者の場合個人差が大きく，平均値を算出すると特徴が現れてこないということになってしまう。本研究では，1人の被験者に10週間参加いただくわけで，多人数のデータを実に得にくいが，それでもようやく数十人のデータを得て，それをもってしても有効な結果が出ないのは，悩ましいことであった。浜・浅井（1992）[12]も浜・伊波（1993）[13]も，個々の事例をみると確かに化粧の効用はみられるのに，全被験者のデータを統計処理して有意な結果を得ることはなかった。一人ひとりそれぞれ異なる面で効果がみられるのである。長い人生を歩んでこられた方々なのだから，その違いが大きくなるのは当然のことと考えられる。

3） 高齢者福祉施設における化粧，そのポイント

　筆者らは，このような高齢者にとっての化粧の効用の研究の問題点を改善すべく，実験・観察・調査の多角的な方法による研究を実施した（日比野ら，2001 a)[14]。この6カ月間にわたる研究（研究開始前約半年の準備期間に，施設職員に対する化粧についての理解をうながす活動を行った）を，大規模な特別養護老人ホームOのご協力を得て，20人の研究スタッフ・ボランティアが参加して行われた。ところが，ご協力いただいた方々には深謝してやまないが，この研究自体は当初の目的を達成することはできなかった。失敗の最も大きな理由は，参加者（対象者）である老人ホーム利用者30人

(62〜102歳)の参加状況が安定せず，週1回全8回の専門家による化粧施術に全回参加した人は1人といった結果に終わり，ここでもわれわれは統計処理に耐えるデータを得ることはできていない。しかし，われわれはこの失敗結果から実に重要なことを学ぶことができた。ここでは研究の詳細を述べることは避けるが，失敗の原因を検討することによって得られた，次の6点を掲げる。

【高齢者福祉施設における化粧を用いた心のケアの効果に作用すると考えられる要因】
(1) 地域性
(2) 施設（組織）の個別性についての考え方
(3) 施設内の人間関係
(4) 介護職員の意識（装い・整容についての理解）
(5) 利用者の心身の状態
(6) 施設利用の形態

(1)の地域性については，利用者の方々が地域で生活していた時代（Oホーム入居前）に，個々の女性が装いによって自己表現することが当然であった地域にある施設のほうが，高齢者自身も介護職員も化粧をすることを受け入れやすいということである。Oホームのある地域は，80〜90歳代の利用者が壮年期であった頃は，郊外の農村地域であった。このような地域の女性のあいだでは，おしゃれをすることは目立つこと，横並び・近所の輪からはみ出すことを意味していたようだ。本研究のスタッフである専門家に施術してもらって大喜びであった女性が，あとで同室の高齢女性に白い眼で見られてひどく落ち込んでしまったという残念な報告が，幾度か聞かれた。これについては，その後に筆者がかかわった大都市部の老人ホームでは，このような

現象はまったくみられることはなかった。

　(2), (3), (4)の施設の処遇方針や人間関係，介護者の考え方は互いに関連した内容である。筆者のお会いした施設の理事長や施設長は，その経営・運営の面から，福祉政策の動向に沿ったサービスや，競争原理に勝ち抜くための利用者から求められているサービスの提供ということで，新しい視点の介護サービスを取り入れようとされている方が多く，大変参考になるご意見をいただくこともしばしばであった。たとえば，居室はすべて個室，食堂や娯楽室を充実させたホテルのような老人ホームを目指すとなると，このようなハード面のみならず，そこでの生活とそれを支えるサービスといったソフトの充実が要求される。プライベートな生活とパブリックスペースでの活動の切り替えには，整容・おしゃれは重要な要素である。施設のトップからの化粧施術を導入したいというご希望は，次第に増えているという実感は強い。

　しかしこのような考え・方針が，介護サービスの最前線にどのように伝わっているかが問題である。労働条件の事情は施設によってまちまちであろうが，介護職員にとって化粧の導入は明らかに仕事量の増加を意味する。たとえボランティアが化粧施術しても，あとで化粧落としをするのは介護福祉士らの職員であり，そんな余裕はないと敬遠される施設も多いと聞いている。Oホームでの研究の場合も，調査研究のための質問紙記入や化粧落としといった点で，ただでさえ忙しい現場の方々に負担をかけていたのだろう。さらに大きい問題は，化粧についての理解・意識の点で，「下の世話をしてもらっている者に化粧など不要」という見方も，職員や利用者のなかに根強く残っているようであった。化粧をしてもらって上機嫌の高齢者に，不愉快な表情を見せる職員もおられ，そうなるといろいろなことに介助が必要な高齢者は喜んでいる場合ではなくなってしまう。トップダウンの施策が隅々にまで十分に理解されて浸透するには，時間と多角的な工夫が必要なようである。しかしその後の研究の機会では，ボトム（現場の最前線）のほうでも理

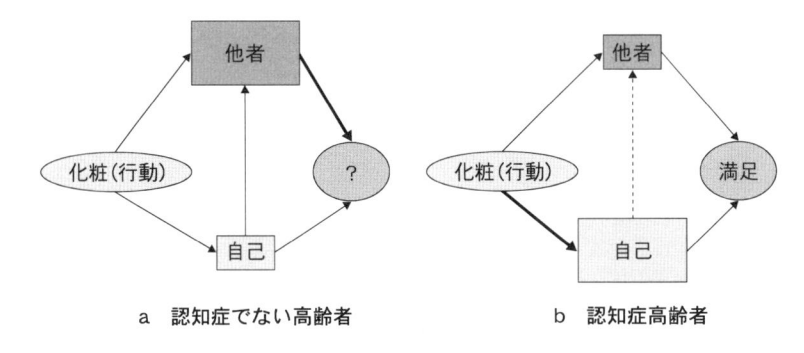

a 認知症でない高齢者　　　b 認知症高齢者

図2-11　高齢者にとっての化粧：対自己効果と対人効果にみられる特徴
（大坊，1996[4]）を改変）

解が進んできているという実感がある。経験豊かな介護職員や，新しい社会福祉を学んだ若い介護福祉士の方々から積極的な協力を得ている。トップダウンとボトムアップの考えが有機的に嚙み合うことによって，高齢者の生活の個別性が実現されることが望まれる。そのためには職場の人間関係が大きな要因であることは，この場合も例外ではなさそうだ。

(5)の利用者の心身の状態とは，第一に安定性の問題である。Oホームでの研究の場合，真夏の期間を含めたため高齢者の体調が崩れやすく，おしゃれどころではなくなってしまう場合も多かった。おしゃれを楽しむには，それなりの安定した体調が前提条件であるのは当然のことである。

第二に年齢・障害の種類とレベルが挙げられるが，高齢のため視力が低下していても，認知症が進んでいても，化粧を十分楽しむことができるということが見出された。図2-11のaとbは先の図2-1に基づいて，本研究の参加者を中等度以上の認知症のある人の場合とそうでない人の場合に分けて表したものである。(1)で挙げたように，この地域の高齢女性の場合，人目を気にして化粧そのものを楽しむ対自己効果が妨げられる傾向が強かった。一方，認知症が進んでいる人の場合はあまり他者の反応を意に介さず（認知的な自己中心性とも考えられるが），化粧の容器の美しさ・化粧品の香り・施

術の触感・施術者とのやりとりを楽しみ，施術者がやってくるのを心待ちにしているようであった。化粧瓶が並んでいる光景は，女性にとっては心弾むものであるし，店先やデパートのショウウィンドウなどではよく見かけるものの，老人ホームではなかなか珍しいものであろう。香りや施術のタッチも気分を和ませてくれる。施術者との会話も，一人ひとり丁寧に対応してくれるので，満足されていたようだ。このようなわけで，認知症の方のほうが，むしろ率直に化粧を楽しめる可能性が示唆された。

　このほかに，寝たきりやそれに近い人の場合や，鏡を見ても自分とわからないということも考えられる。他の研究機会で経験したことであるが，ご本人の反応がほとんど確認できない場合でも，ご家族が望まれて化粧施術したことがある。たいていご本人の娘さんかお嫁さんが希望されるのであるが，これがご家族の慰めや安堵につながるようである。若い日のお母さんやお姑さんを思い出したり，この施設では家庭ではできないことをしてもらえる（だから入居してもらってよかった）という慰めがもたらされるようである。

　(6)の施設利用形態については，施設に入居しておられる場合とデイケアとして利用されている場合では違いがあるということである。これには当然(5)の利用者の心身の状態も関連しているのであるが，ここでは人的環境の違いとしてとらえている。高齢者が綺麗になることを喜んでくれる家族がある人のほうが，対人効果が確保されていて，当然大きな効果をもたらすと考えられる。「孫が『おばあちゃん綺麗ね』と言ってくれました」と屈託なく微笑まれる姿は幸せそうである。施設に入居しておられる場合でもこのような家族の反応に代わる支えがあればよいのであるが，やはりお孫さんの力は大きい。

◆3 化粧の効果——ケアの現場での実践事例◆

　筆者は心理学の研究者であり（臨床心理士でもあるが）社会福祉の専門家ではないが，1999年4月から3年間介護福祉士を養成する短大に在職していたので，この研究に新たに「福祉」という立脚点を加えることになった。これは，臨床家としての筆者の立場と通じるところがあり，なじみやすいものであった。つまり，筆者の行う活動が研究であれボランティア活動であれ，その第一の目的は，対象である高齢者の役に立つことにあるということである。それもこの場合は，即効性が必要である。「いずれ役に立ちますから今は我慢してください」というようなものは受け入れられないだろう。

　高齢者の心身の健康増進・QOLの向上のために，「装い」「粧い」がどのような役割を果たすのか，実際に福祉現場に装い・化粧を活かすことが可能なのか，高齢者自身にニードがあるのか等々，課題は山積みであった。しかし，千里の道も一歩から。とにかく，特別養護老人ホームや老人保健施設にご協力をお願いすることから歩み始めた。

　次に筆者の実践的研究をいくつか紹介する。まず最初は，2000年から東京郊外の特別養護老人ホームで行っている実践であるが，これは筆者とヒーリングに関心のあるメイキャッパーが，2人で1カ月に2回ずつ老人ホームを訪問して行ったものである。研究としては，非常に小規模で，本番前のパイロット研究の意味があった。しかし，筆者にとってとても有意義な現場学習となった。実はこれはOホームでの研究と同時に並行して行っていた。スタッフも装置も大がかりなOホームでの共同研究と，こぢんまりとした手作り感の強い実践要素の強い研究を経験させてもらったことで，貴重な発見があった。

1) 特別養護老人ホームにおけるケース研究

2000年の春，筆者は東京都小平市の，社会福祉法人平心会小平健成苑（特別養護老人ホーム）に，「高齢者を対象とした化粧の心理的効果の研究」の協力をお願いした。当時健成苑は開設3年目で，小粋で明るい配色のインテリア空間のなかを若い職員さんたちがはつらつと働いておられた。建物は3階建てで，80人の高齢者が入居されていた。2階には重度の障害がある方が，3階には比較的自立度の高い方が暮らしておられる。筆者の第一印象は，若い職員さんがお年寄りをとても大事にしているということであった。親しみのある，相手を大切にする態度が，お年寄りの笑顔を生み出している。実はこのことが筆者の研究・実践活動にとって欠かせぬ土壌であった。

A．「化粧」の導入についての検討

老人ホームで研究させていただく際に心得ておくべきことは，まず毎日の生活の支障にならぬよう配慮することだろう。生活相談員の方と，どういうかたちで健成苑に入ることが最も無理がないか，利用者と職員に理解されやすいかを検討した。幸い健成苑はさまざまな種類の活動をするボランティアを受け入れている施設で，われわれ（筆者とメイキャッパーの高坂祐圭氏）は，そのなかの会話ボランティアというカテゴリーに入れてもらって，2週に1回，午後からうかがうことになった。開始するにあたり施設が望まれたことは，「細く長く」かかわってほしいということであった。

化粧を施術する場所は，2階と3階の廊下の曲がり角につくられている，利用者の談話・テレビ鑑賞用のオープンスペースにしつらえた。オープンといっても常に人の往来があるわけではない。時折腰掛けに来られる方が1人，2人ある程度である。完全な個室にすると，対象者以外の高齢者や職員たちに関心をもたれるチャンスが少なくなってしまうと考えられたため，このようなパブリックスペースが選ばれた。

対象者についても，相談の結果，まず最初は心身の障害があまり重くない自立度の高い方で，化粧に興味のある方がよいだろうということになった。介護福祉士に人選していただき，参加をお願いして承諾を得た方に対象者となっていただいた。

B．効果の測定

心理学研究の方法のひとつとして，効果を測定したい処理（この場合は化粧施術）の事前事後にテストを行ってその差を検討したり，事前テストの前にも，対象者のパーソナリティーや種々の能力の査定を行うことがある。研究の精度を高めるには，各段階で正確なデータ収集が要求されることはいうまでもない。しかし，本研究の場合は，高齢者に負担をかけないことを重視し，また「ボランティア」として出会うわけであるから，テストするのはどうもふさわしくないので，高齢者自身に心理検査を施行することは行わなかった。

また，Oホームでの経験から，80歳代，90歳代の方に通常通りの質問紙検査を行っても，その信頼性には疑問があることはわかっていた。いくつかの心理検査をインタビュー形式で，選択肢も4段階は無理だろうということで，「はい」と「いいえ」の2つに絞って設定してやってみても，お年寄りの反応は心ここにあらずといった調子で，そんなことより自分の話したいことを聞いてほしいようであった。認知症症状のある方の回答が，正確さに問題のあるのは当然である。施設の職員にチェックしてもらう質問紙を用いることは可能だが，最前線の介護福祉士に，日常の業務のほかに何十何百の項目チェックをお願いするのは，あまりにも負担が大きいと考える。

そこで本研究では，前節に記したような，これまでの高齢者を対象とした化粧研究に報告された家族や介護士の観察という角度から，その効果を測定してみた。

筆者が作成した質問紙は，6項目からなるもので，その内容は次の通りである。

【高齢者の心理と行動に関する質問紙】（日比野，2001b）[15]
　　1　表情が豊かである
　　2　気分は安定している
　　3　話しかけると必ず応答する
　　4　周囲の人とよく話をする
　　5　自発的に行動する
　　6　種々のプログラムや行事に積極的に参加する

以上の6項目について，以下の4段階評価をしていただいた。
　　全然そうでない　　　0点
　　少しそうである　　　1点
　　かなりそうである　　2点
　　まったくその通り　　3点

この質問紙の評定は，化粧施術を受けた高齢者に対して，以下の2通りの場合について行われた。

　　①　普段の平均的な様子について
　　②　今日の化粧後の様子について

評定は，化粧施術を行った日の午後の担当の介護福祉士に，その日の夜に記入してもらうようお願いした。

C. 化粧の内容

　化粧については，個別的に専門家が施術した。本研究でははじめの頃は，基礎化粧→メイクアップの過程を30分くらいで施術し，前後の移動や写真撮影の時間を含めて40〜45分に収まるようにし，対象者が疲労を感じることのないよう配慮した。メイクアップはナチュラルメイクで，派手になりすぎぬよう留意し，色味は対象者の好みに合わせたり，洋服の色に合わせた。対象者が少し慣れてこられたら，フェイシャルマッサージやハンドマッサージ→基礎化粧→メイクアップとマッサージも加えて，所要時間を全体で40分にしてみた。化粧施術の際に特に留意したのは，衛生面である。リップブラシ・スポンジ類は1回ごとの使い捨て，その他のブラシ類は1人ずつ洗浄し，1つの道具を複数の方に用いないようにした。

　上述したように，施設での化粧という場合，「化粧落とし」が問題になることがある。ボランティアが施術して帰った後，夜の化粧落としは介護者の負担になるという問題である。われわれは介護者と相談して，ご自分で顔を洗うことのできる方を対象とし，毎回の施術ごとに，1回分個包装の化粧落とし用コットンをお渡ししている。認知症症状のある方の場合，クレンジングフォームのチューブ1本を差し上げると，1回に全部使ってしまうこともあり，口に入れられる可能性もないとは言い切れない。このようにちょっとした注意は必要であるが，このような方法を用いて，ご協力いただいた老人ホームではこの「化粧落とし」の苦情を実際にお聞きしたことはない。やはり介護者の理解のあり方次第と考えられる。

D. Kさんの場合──「凛とした生き方」と「ホームの人気者」

　Kさんは初めてお会いしたとき，98歳であった。移動は車椅子利用ながら，身の周りのことはほとんど自立され，健成苑のいろいろなプログラムにも積極的に参加しておられた。もともとお習字の先生もなさっていたので，書道では実力を発揮。また，ちぎり絵の教室でも優等生で，ベッドの周りに

は所狭しと自作作品が飾られている。生活指導員が筆頭に推薦してくださったことがよくうなずける，心身ともに安定感のあるしっかりとした女性である。

　化粧習慣についてインタビューしてみると，女学校を卒業してからご主人が亡くなるまで，年齢にすると20歳くらいから88歳まで，毎日していたとのこと。毎朝，ご主人が起きてこられる前に，すっかり身だしなみを整えているのが日課となっていたとのこと。昔は未亡人が化粧をしているとよくない噂を立てられるので，ご主人亡きあとはしなくなったという。ゆっくりとではあるが，はっきりとした口調でわかりやすく話してくださった。

　Kさんは2週に1度のお化粧の日を，いつも楽しみに待っていてくださった。98歳のKさんと25歳のメイキャッパー高坂氏の2人は，互いに相手を尊重し，親しくなっていったように観察された。この2人のそばを通るとき，職員たちは必ず声をかけてくれる。「Kさん綺麗だねえ」「若いよ」と特に男性の褒めことばは力強い。あるとき，目の不自由なマッサージの先生が通られたときに「Kさん，綺麗ですねえ」と声をかけてくださった。「あら先生見えるんですか」と職員。あまりにも率直な質問に筆者は一瞬ひやっとしたが，「私はねえ，心の眼で見てるんですよ」との素晴らしい答えが返ってきた。まったくもって周囲の人にこの心がないと，化粧は十分に効力を発揮しないのである。お年寄りの化粧については，不可欠の要素と考える。

　介護福祉士による，Kさんについての化粧の心理的効果の測定は，普段の日も化粧施術した日も，6項目の各々の平均がみな満点の3点，または3点近くありその差がはっきりしなかったが，自由記述による評価では，「いつもよりいっそう表情が明るく見えます」と記してくださった。

　Kさんは化粧施術の間，折々にご自分の歴史を語ってくださった。関東大震災のときに故郷から姉夫婦のことを心配して上京され，その後東京で職

業軍人のご主人と結婚して，ご主人に仕えてこられた。毎朝ご主人が馬に乗って出勤されるまでにKさんは早朝から朝食の仕度はもちろん，玄関も整えておかねばならなかっただろうし，ご主人の身の周りの世話もしなければならないなかで，ご主人の部下や近所の人とも顔を合わせることもあるので，何よりも早く身繕いせねばならない忙しい生活であったようだ。ほかの方の例でも，施術中にこのようなご自分のこれまでの人生を回想して話をされることは，多々経験した。しかもそのなかでのご自身の人生に対する態度は，どの人も肯定的である。なかなかよい人生だったと述べられることが多い。そのなかでもKさんは，むしろ客観的に眺めておられる印象をもった。いつも凛として務めを果たしてこられたことがうかがえる。このような女性にとって化粧は，自分を鼓舞したり労ったりする，自給自足の手段であるのではないだろうか。現代の女性にとっても気分転換の手段となっているように，Kさんにとっても自己コントロールの手助けとなっていたように推察される。

E．Fさんの場合——「幸せの物語」を語る

　Fさんは80歳。軽度の認知症症状があるものの，歩行や身辺のことはほとんど自立されている。苑内には歓談する仲のよい友人が5, 6人おられ，比較的適応のよい利用者である。顔や腕，手の甲に色濃いシミが多いことを気にして，「鏡を見ることはない」と言われる。

　Fさんはもともと目鼻立ちのはっきりした方で，化粧でシミが隠れると，見違えるような化粧映えのする美人に変身され，化粧後はいつも上機嫌であった。図2-12はFさんの表情の豊かさについて，介護福祉士に評定していただいたものである。第1～8回までの結果を表した。評定してくださったのは，化粧したその夜の担当者で，8回とも異なる介護福祉士である。8人による評価を表していると同時に，第1～8回の時間経過を表している。普段の様子については8人中5人が2点（かなり豊か），化粧後は8人中

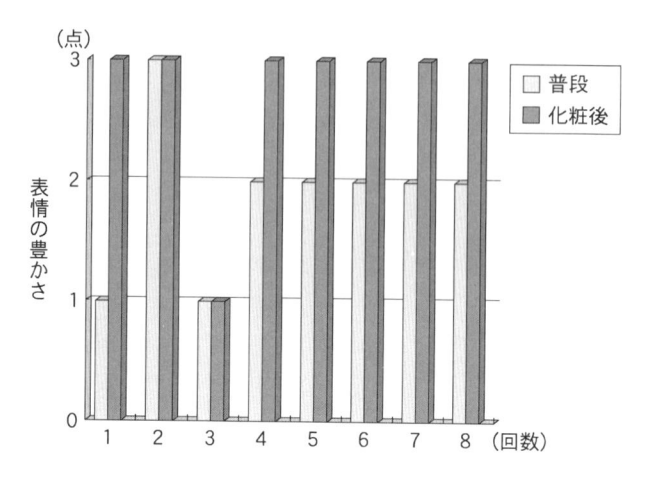

図2-12　介護福祉士によるFさん（80歳，軽度認知症）の表情の評価

7人が3点（まったく豊か）という結果だから，Fさんは普段もまずまずの表情であり，化粧後はとても表情豊かになると解釈できる。普段の様子は，第1，2，3回は1点，3点，1点と，評定者や日によって大きな差があるが，第4回以降は一定して2点と安定している。これを時間経過としてとらえるなら，化粧施術が継続されることによって情緒が安定してきていると考えることもできる。評定者の個人差に着目するなら，第2回と第3回の評定結果が他の回とはかなり違っていることに気づく。第2回は普段も化粧後も3点であるのに対し，第3回は普段も化粧後も1点。これはFさんと担当者との人間関係を表しているとも考えられよう。Fさんと第2回の担当者とは気が合うというか仲良しであるのだろう，顔を合わせるとだいたいニコッとしていることが考えられる。第3回の担当者とはまだ関係が薄いのかもしれない，目が合っても特に微笑むことがないと思われる。

Fさんは化粧施術中，筆者の質問に答えて，化粧にまつわるエピソードをよく話してくださった。初めて化粧品を買いにいった日の思い出は，その情景，人びとのことば，そして17歳の少女の恥じらい・不安・憧れが実に生

き生きと語られるものであった。後半になると，将来についても「息子と嫁が迎えに来て，一緒に故郷へ帰るときは綺麗にして行きます」と希望を話された。のちに介護士からお聞きしたところでは，実際はそのような予定はまったくないとのことであった。

2） デイケアにおける化粧によるケアの実践的研究（日比野，2001b）[15]

　筆者は，Oホームと小平健成苑での経験をもとに，何よりも高齢者の心のケアとして役立ち，現場の職員たちにも歓迎され，高齢者にとっての化粧の心理的効果を立証できる研究を計画することが必要と考えた。そこでこれらを実現すべく実施した実践的研究は，この3つの目的のほかに，介護学生の実習も兼ねるという，一石四鳥の収穫をねらうものとなった。これだけの目的を兼ねるので，研究方法としては，むしろきわめてシンプルな構成にした。次にこの研究の概要を述べる。

A．方　法

【対　象】2カ所のデイケア施設利用者の女性32人。年齢は53～95歳，平均年齢78.1歳，SD 9.7歳。

　　　　　このうち，認知症高齢者11人，車椅子利用者3人，杖使用者15人。

　　　　　独居者8人，家族同居者24人。

【化粧施術内容】フェイシャルマッサージ，メイクアップの両方または片方を，ボランティア学生が施術する。

【指　標】介護者に，前掲の高齢者の心理と行動に関する質問紙（日比野，2001b）[15]を，個々の対象者について記入するよう求めた。その際，1人の対象者について2人の介護者が，普段の日と化粧をした日の様子をそれぞれ観察して評定するようにした。

上記の内容をもう少し詳しく紹介すると，まずデイケア施設のひとつは日野市社会福祉協議会の主催する「ひなたぽっこ」という愛称の，ボランティアによって週1回実施されている小規模なものである（「ひなたぽっこ」はその後解散して，現在は別の事業としてかたちを変えて継承されている）。全体のコーディネートや送迎などは職員が担当しておられるが，その他の高齢者へのサービスはすべてボランティアが行う。ボランティアは主に子育てを一通り終えられた女性たちで，実にきめ細かい手作りのサービスには感心させられた。1回500円の昼食はまさにお袋の味で絶品である。手芸や工作の指導もカラオケのお相手も丁寧で，利用者は好きなことを好きなだけ楽しんでおられる。もうひとつの施設は病院のデイケアセンターで，こちらの利用者は認知症の方や車椅子利用者が多く，「ひなたぽっこ」よりも障害のレベルが重い高齢者が利用されている。

　化粧施術のボランティアは，筆者が勤務していた短大の介護福祉士養成コースの学生である。「化粧療法」という科目の実習として参加した。皆，教室にいるときとは格段に違って，男子学生も女子学生も生き生きとして楽しそうであった。学生は化粧施術のみでなく，朝から夕方まで介護のお手伝いもさせていただいた。

B. 結果と考察

　2人の介護者による評定の結果の平均をデータとして，各項目ごとの全被験者のデータをもとに，普段の日と化粧した日の午後とで条件別にそれぞれ平均を求めたものを図2-13，図2-14に示す。①表情の豊かさ，②気分の安定度，③周囲の人との会話度，④行動の自発性・積極性，⑤プログラムへの活動参加，においては，検定の結果，化粧を施術した日のほうが普段よりも高い値を示していた（① $t(31)=8.666$, $p<.001$, ② $t(31)=2.658$, $p<.05$, ③ $t(31)=3.879$, $p<.001$, ④ $t(31)=3.655$, $p<.001$, ⑤ $t(31)=3.360$, $p<.01$）。

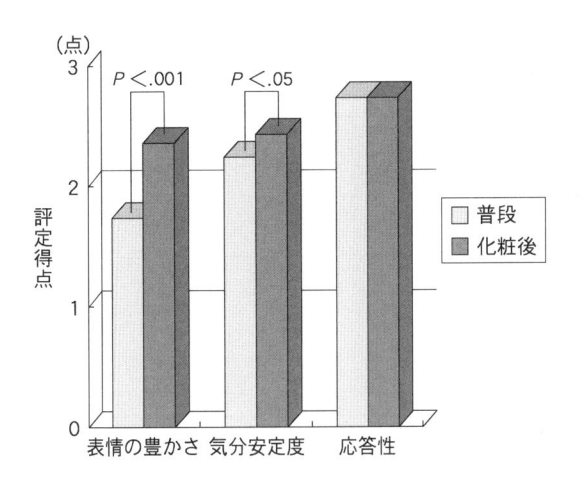

図 2-13　高齢者の心理・行動にみられる化粧の効果
　　　　（介護者の評定の平均）（日比野, 2001 b）[15]

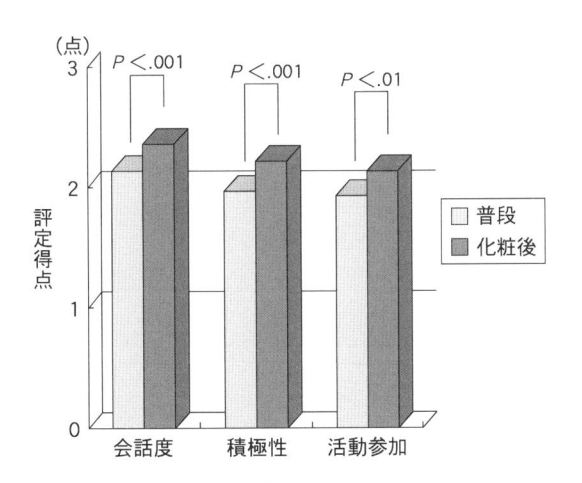

図 2-14　高齢者の心理・行動にみられる化粧の効果
　　　　（介護者の評定の平均）（日比野, 2001 b）[15]

　これらの結果から化粧施術によって高齢者は、気分が穏やかに安定して表情が豊かになり、さまざまな活動への興味関心も高まり、他者との交流も活

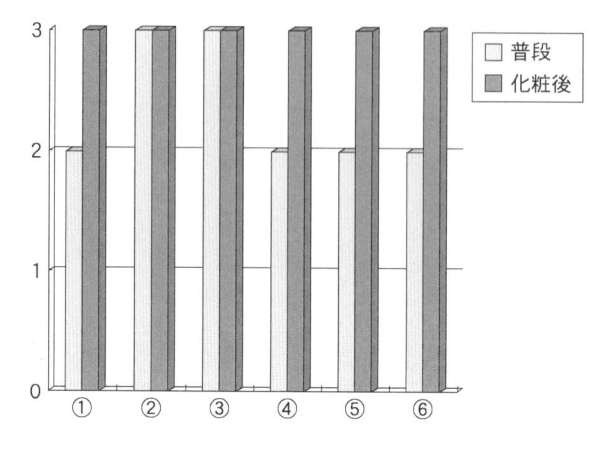

図 2-15　化粧の心理的効果
　　　　（Ｐさんの場合）

発になる様子が示唆された。応答性については，化粧をするしないにかかわらず高い値を示している。高齢者は一般に，精神障害者とは違って応答の能力にほとんど問題はなく，他者からの働きかけを避けることはまれで，むしろ求めていると考えるほうが妥当ではないだろうか。

　次に具体的な対象者像を思い描いていただくために，障害のレベルの異なる2人の方のデータを掲げよう。

　Ｐさんは80歳代で，杖も使わず，身の周りのことも家事も一通り自立されている。ひとり住まいで，週1回のデイケアを楽しみにされている。認知症の症状もなく比較的元気であり，図2-15に示されているように上記①〜⑥の各項目が普段から2点以上である場合，化粧施術によって6項目すべて3点になることはしばしば経験することである。経験上，「ひなたぼっこ」のように，化粧後に周りのスタッフが「綺麗になったね」と一緒に喜びあえる環境では，ほぼ確実にすべて3点にできる感触を得ている。しかし，このような高齢者でも，化粧というと最初は躊躇される方も少なくない。その場合はわれわれはハンドマッサージのみさせていただくことから導入す

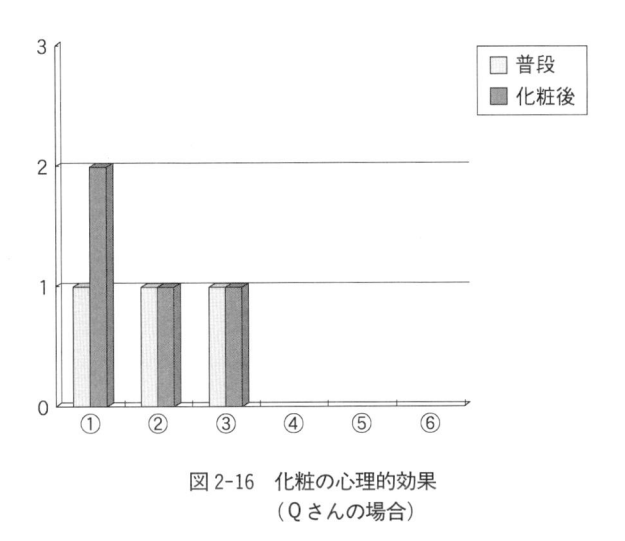

図2-16 化粧の心理的効果
（Qさんの場合）

る。たいていはハンドマッサージの気持ちよさから、「それじゃあ、顔（フェイシャルマッサージ）もしてもらおう」ということになり、その間に施術者とも親しくなり、安心されることによりメイクアップも希望されるというケースを多々経験した。

　Qさんは95歳。移動も食事も排泄も全面的に介助が必要で、聴力は耳元で叫ぶようにして語りかけなければならない程度であり、おそらく認知症もかなり進んでいたのであろう。普段のデイケアでは、入浴時以外はほとんど居眠りのようなまどろみ状態である。Qさんの体験世界を想像すると、ほとんど聞こえない、わからないことばかりが起こっている世界ということだろうか。ところが、学生が化粧施術した日の午後は、Qさんはいつになく居眠りもせずに起きていたというのである。図2-16の「①表情の豊かさ」の、普段の1点から化粧後の2点への変化は、いつもお世話なさっている介護士たちの驚きを表している。Qさんは、まどろみの世界から、他者とのやりとりをする世界に少し戻ってこられたという意味があるように考えられ、担当した学生に「この1点は大きいね」と励ました覚えがある。

◇4 高齢者にとっての化粧◇
── その意味と実践にあたっての配慮

　これまで述べてきた研究・実践と，さらに角度の違う化粧研究の結果も含めて検討を加え，高齢者の化粧の意味について考えられることをまとめてみたい。

　まず，ひとくちに高齢者といっても，その個人差の大きいことはすでに述べたが，一人ひとりの人生があるので，化粧の意味もそれぞれの人の経験によって細やかな違いがあるだろう。KさんやFさんのエピソードにみられるように，それぞれの生活史のなかで化粧は異なる意味を添えているが，ここでは成人期に化粧習慣をもっていた人ともっていなかった人の2つに分けて考えてみたい。

　著者らは化粧習慣をもつ女子大学生が自己呈示行動の際に，化粧落としをするとどのような心理的効果が生じるのかを検討した（日比野ら，2000 a）[16]。被検者は，化粧直し群・化粧落とし群・化粧顔群の3群に分けられた。ビデオカメラの前で自分の長所と短所を述べるという課題を3回行わせ，各回の感情状態を測定したところ，第1回の課題試行後は被検者全員の不安の高さは同じであるが，化粧顔群・化粧直し群は3回の課題の経過中に次第に不安が低下してくるのに比較して，化粧落とし群は明らかに不安の低下の程度も速度も小さく留まった（図2-17）。

　上述の実験の結果を踏まえて著者は，化粧習慣がまだ定着していない入学後間もない大学1年生女子を対象に，抑うつや不安といった否定的感情の比較的強い人を被検者として抽出し，専門家による化粧施術を週1回合計4回行い，その感情状態の変化を検討した（日比野ら，2002）[17]。この実験では，対象者を化粧施術を受ける化粧群と化粧施術を受けない対照群とに分けて比

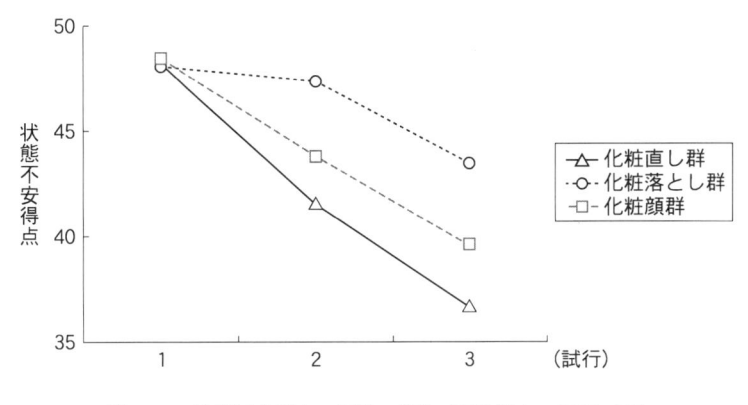

図 2-17　状態不安得点の平均の推移（日比野ら，2000 a）[16]

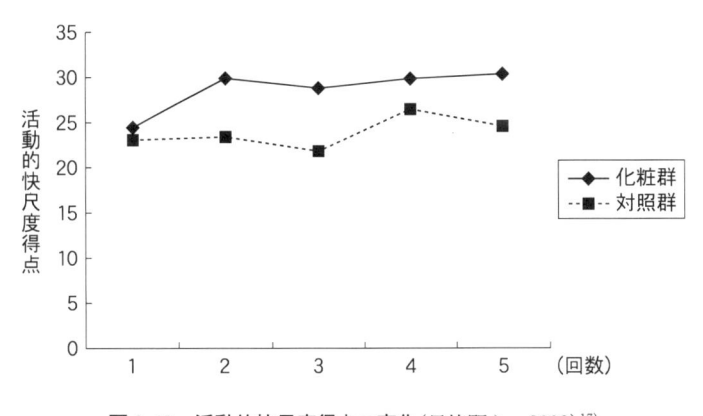

図 2-18　活動的快尺度得点の変化（日比野ら，2002）[17]

較した。その結果，抑うつ・不安は両群とも時間経過（大学への適応が進む）につれて低下する傾向があり，両群に差はなかった。しかし，化粧群は活動的快尺度において，常に対象群より高くなり，化粧によって快感情が喚起されていることがわかった（図 2-18）。

　以上の2つの研究結果から，化粧習慣のある/なしにかかわらず，化粧は快感情をもたらすが，不安や抑うつ感という否定的感情を直接的に減少させ

るものではないこと，一方，化粧習慣が定着している人は，素顔で対人的な場面におかれると不安が増大し，その不安は素顔である間は持続しやすいことがわかった。

　上述の研究は若い大学生を対象に行ったものであるが，高齢者にとっての化粧の意味を検討するとき参考になる点もあると考えられる。過去に化粧習慣をもっていた高齢者については，病気や怪我，夫との死別，入院や老人ホーム入居などを契機に化粧をしなくなった人が多いと考えられるが，長い年月の化粧習慣をなくすと人前での自信が揺らぎ，積極性が減少することが推察される。食事や排泄にも他者の介助が必要になるとなおさらである。周囲の人から「お年寄り」ということでいたわられることは安心感をもたらすこともあるだろうが，どことなく「子ども扱い」に通じるところがあると，それに甘んじることによって大人としての自律性が脆弱化するのではないだろうか。「子ども扱い」すると本当に子どものようになってしまう例は，多々見聞きする。化粧習慣をもっていた高齢者は，大人になるときに化粧を覚えた人がほとんどであり，その後，職業婦人や，自営業の担い手，主婦として成人期を過ごしてこられた。このような方が化粧習慣をなくした後に再び化粧に出合われると，自分が大人の女性であることを思い出し，自律性や積極性が一時的にせよ少し回復するのではないだろうか。認知症症状のある人が医師の指示を聞き入れて適切な行動がとれるようになったり，ふさぎがちの人が自慢の盆踊りを披露したり，自分で歩ける人が車椅子の友人を介助して食事に出かけたりといった例が挙げられる。いずれの場合も少し誇り高いたたずまいが醸し出される。

　一方，化粧習慣をもつことなく老齢期を迎えた人にとっての化粧経験は，十代や二十代の人たちが初めて化粧するのと共通するところがあるようである。化粧品の色や香り，施術者の繊細なタッチを楽しみ，できあがったメイクアップに強い興味を示し，いろいろな角度から自分の顔に見入る。嬉しい

が，照れくさくもある。周囲からの温かな理解があると素直に喜べる。自己への関心の高まりと，楽しみがひとつ増えたことが励みになると考えられる。

　これまで述べてきた高齢者の化粧の実践的研究は，いずれの場合も対象者の意思に基づいて行われたものである。勧めることはあっても，無理強いのようなことは逆効果だろう。上述のような効果を得るには，化粧施術について，高齢者自身の希望に沿って行うことと，周囲の人びとの理解が十分あって肯定的な反応が返ってくることが必要条件と考える。また，化粧によって得られる心理的効果は，一度化粧すれば長期的に続くというものではなく，化粧を落とすと効果も持続しないと考えるのが妥当であろう。できれば日常的に，あるいは時々であっても続けることが必要と考える。

◆5　現代の生活のなかの化粧と高齢者福祉への提言◆

　肌の健康のためのスキンケアは，幼いときから家庭で教育されほとんどの人の生活習慣となっていると考えられるが，メイクアップとなるとさまざまな考えの方がおられるだろう。メイクアップを嫌う人は女性にも男性にもみられ，なかには自分を偽ることであるとかなり否定的な見方をする人もいる。メイクアップは，衣食住の生活要素のなかでは衣の一部と考えられようが，生理的なレベルでは必需品とはいいがたい。なくても生きていけるし，贅沢であるとか，ある社会状況においては好ましくないという評価を受けることもあるだろう。

　私たちの生活のなかで，化粧習慣はどのように位置づけられるのであろうか。松井（1993）[9]の調査研究によると，「スキンケアをよく行っている女性ほど家庭内の活動に充実感を感じており，メイクアップをよくしている女性ほど家庭外の活動に積極的である」という結果が報告されている。図2-19

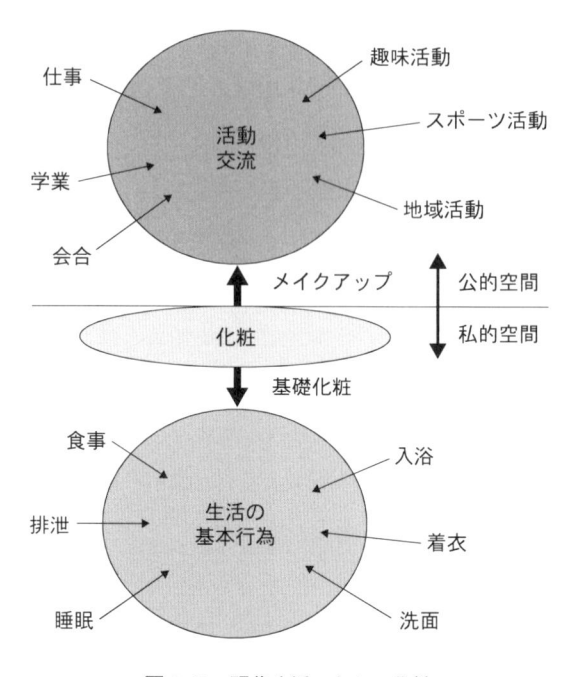

図 2-19　現代生活のなかの化粧

は，家庭内を私的空間，家庭外を公的空間として，生活のなかの化粧の位置づけを試みたものである。私たちはこの2つの空間を行き来して暮らしているが，化粧行為が営まれるのは，私的空間から公的空間へ移動するときと，公的空間から私的空間へ戻ってくるときである。出かけるときは基礎化粧後にメイクアップが施されるが，これによって活動（職業・学業）の場での他者との交流を想定して積極性を高め，帰ってきたときは化粧落とし・スキンケアによって自分をいたわる。化粧は時空の内外の移動に合わせて，心の状態（緊張と弛緩）を切り替える効果的なスイッチであると考えられる。化粧することによって，「外」では自信をもって他者と出会い，充実した活動を展開することができ，「内」では十分にくつろいでエネルギーを補給することができるのだろう。

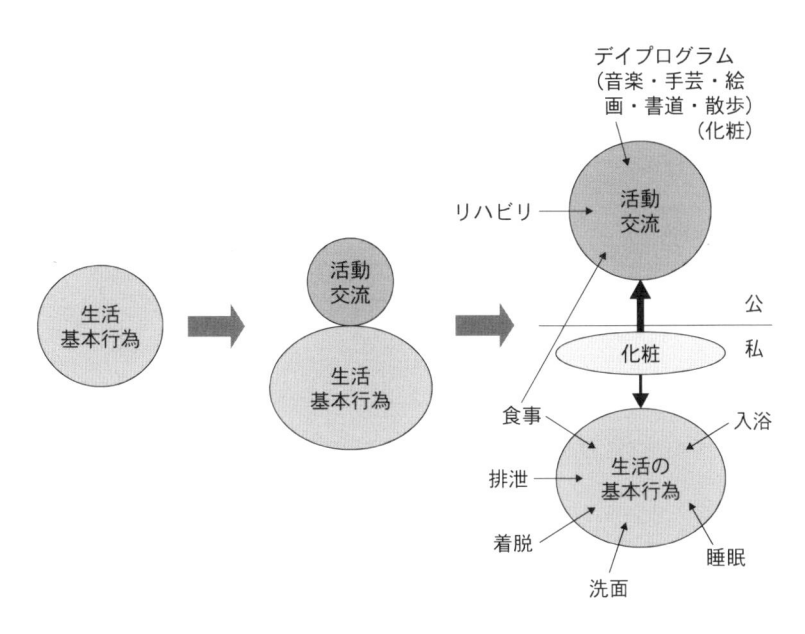

図2-20 高齢者福祉施設の生活の移り変わりと化粧の導入による個別性推進

　それでは高齢者の生活の場である老人ホームでは,「内」と「外」はどのようになっているのであろうか。図2-20は3段階の「内」「外」すなわち「私」と「公」の生活の充実度を表している。第1段階(左)は,内も外もない混然とした状態,プライバシーや個別性といった点で疑問が大きい。第2段階(中)は,生き甲斐・個別性という点での工夫を取り入れた段階。第3段階(右)は,ハード面とソフト面の両面での個別性が充実した段階を表している。まず第1段階から振り返ってみると,高齢者の福祉施設で最も基本的に保証されるものを表しており,食事・排泄・入浴といった生活の基本的な要素と,それを介助するサービスを示している。現場の職員たちはこれらを実現すべく,日夜「きつい」勤務をこなしておられることは周知の事実である。職員自身も正直いって「職場ではおしゃれどころではない」「汗をかくので化粧はしたくない」という声もよく耳にする。

さて次の第2段階であるが，高齢者の「生き甲斐」といった点での充実を図って，最近ではほとんどの施設で，書道・絵画・手芸などの教室や，音楽療法・動物療法・園芸療法，カラオケやダンス・体操，さらにコンサートや夏祭りといったイベントも実施されている。これらを支えているのはボランティアである場合が多いが，とても楽しみにしておられるお年寄りに出会うと，お返しにエネルギーをもらったりする。ボランティア活動はまさに支え合いである（ここでは，ボランティア活動であることの問題は脇において）。老人ホームで生活される高齢者にとって，このような種々のプログラムは，活動そのものが楽しみであると同時に，仲間と出会ったり，「外」からやってくる人びととの交流の場である。しかし，大好きな歌を歌っておられる女性の髪が寝癖のついたままであったり，先ほどまで横になっておられたままの服装でコンサートに出席されるのはいかがなものだろうか。また，夏祭りには浴衣で参加されると，よりいっそう楽しくなるのではないだろうか。身だしなみを整え，装いと粧いを新たにされることは，活動をよりいっそう充実させ，交流の意味を強化すると考える。

　第3段階は，「私」の居室は個室であり，食堂や談話室などの「公」の場も充実しており，その間を行き来して生活するために，化粧を含む装いの介護が用意された老人ホームライフである。ハード面での充実は厚生労働省の施策でも取り上げられているように，今後は全室個室化が推進されるだろうが，それを意味あるものとするためには，これまで述べてきた装いの介護が用意されるべきと考える。現在「化粧」を活動のプログラムに取り入れている老人ホームも増えてきたが，本来「化粧」は公の場で行う活動ではなく，活動・他者との交流を支える生活習慣である。日常的な介護の一環として，「私」の空間で，高齢者が一番お世話になっておられ，頼りにしておられる介護福祉士によって，装い・粧いが介助されることが望まれる。生理的な充足は当然のこと，個別性が尊重され，高齢者が安心してそれを享受する老人

ホーム生活こそ，利用者の心身の健康を推進すると考える。読者諸氏はもうお気づきのことと思うが，第3段階の図は図2-19と同じ構造である。ここでの提案は，とてつもない贅沢でもなければ，実現不可能な桃源郷を描いているのではない。私たちそれぞれがつくりあげてきた生活のスタイルを，年をとっても，身体が不自由になっても，介護福祉の専門家によってそれを支えてもらえる暮らしを願っているのである。実現する日がそう遠くないことを祈ってやまない。

【引用文献】

1) 松井豊・山本真理子・岩男寿美子 (1983)「化粧の心理的効用」『マーケッティング・リサーチ』第21巻 pp.30-34．
2) Fantz, R. L. (1961) The origin of form perception. *Scientific American*, **204**, 66-72.
3) Field, T., Woodson, R., Greenberg, R., & Cohen, D. (1982) Discrimination and imitation of facial expression by neonates. *Science,* **218**, 179-181.（ブレムナー，J. G. 渡部雅之〈訳〉 1999 乳児の発達 ミネルヴァ書房）
4) 大坊郁夫 (1996)「化粧心理学の動向」高木修（監修）『被服と化粧の社会心理学：人はなぜ装うのか』北大路書房 pp.28-46．
5) Graham, J. A., & Furnham, A. (1981) Sexual differences in attractiveness raings of day/night cosmetic use. *Cosmetic Technology*, **3**, 36-42.
6) 宇山光男・鈴木ゆかり・互恵子 (1990)「メーキャップの心理的有用性」『日本香粧品 科学会誌』第14巻 pp.163-168．
7) 余語真夫・浜治世・津田兼六・鈴木ゆかり・互恵子 (1990)「女性の精神的健康に与える化粧の効用」『健康心理学研究』第3巻 pp.28-32．
8) 阿部恒之 (1993)「マッサージによって変わる心とからだ」資生堂ビューティーサイエンス研究所（編）『化粧心理学』フレグランスジャーナル社 pp.7-17．
9) 松井豊 (1993)「メーキャップの社会心理学的効用」資生堂ビューティーサイエンス研究所（編）『化粧心理学：化粧と心のサイエンス』フレグランスジャーナル社 pp.144-154．
10) 浜治世・日比野英子・藤田祐子 (1990)「化粧による情動活性化の試み」『日本心理学会 54回大会発表論文集』 pp.84-85．
11) Hibino, E., Asai, I., Hama, H., Fujita, Y., Oshibe, K., Inoue, M., Dan,T., & Ueda, H. (1992) A clinical study of using make-up for schizophrenic and depressive patients. In B. Wilpert, H. Motoaki & J. Misumi (Eds.), *General psychology and*

environmental psychology: 22 nd International Congress of Applied Psychology, Kyoto, Japan, 22-27 July 1990. Hove ： Lawrence Erlbaum. Associates. pp.199-200.

12）浜治世・浅井泉（1992）「老人性痴呆の情動活性化の試み化粧を一つの手段として」『日本健康心理学会第5回大会発表論文集』 pp. 40-41.

13）浜治世・伊波和恵（1993）「老年期痴呆症者における情動活性化の試み：化粧を用いて」『健康心理学研究』第6巻 pp. 29-38.

14）日比野英子・田辺毅彦・余語真夫・タミー木村・岡千衣・筑後千晶・角谷安規子（2001 a）「化粧が老人ホーム利用者の心身の健康に与える効果」『日本心理学会第65回発表論文集』p. 1071.

15）日比野英子（2001 b）「化粧による心身のケアの検討」『第12回日本福祉文化学会高知大会報告要旨集』 p. 22.

16）日比野英子・志水伸行・余語真夫（2000 a）「化粧が自己呈示行動に及ぼす効果」『日本心理学会第64回大会発表論文集』 p. 844.

17）日比野英子ほか（2002）「抑うつ傾向者の感情状態における化粧の効果」『日本心理学会第66回大会発表論文集』 p. 879.

18）日比野英子（2000 b）「化粧の心理学入門①」『月刊総合ケア』第10巻第7号 pp. 70-73.

19）日比野英子（2000 c）「化粧の心理学入門②」『月刊総合ケア』第10巻第8号 pp.75-77.

20）日比野英子（2001 c）「痴呆性高齢者への化粧によるケアの検討」『月刊福祉』第84巻第3号 pp. 40-42.

第3章

おしゃれの楽しみ

衣服によるポジティブケア

渡辺　聰子

◆1　高齢者・障害者の衣服をめぐる現状◆

1）衣食住のなかでも後回しにされてきた衣服

　皆さんは高齢者や障害者の生活を考える際，何に関して一番関心があるだろうか。障害や病気を抱え，症状が落ちついてくると周りが少しずつみえてくる。介護にかかわる社会資源の問題や費用の問題，そして生活環境の整備の問題や福祉用具の選択，さらには施設で生活するのか自宅で生活するのかという大きな選択等々，私たちはさまざまな事柄を決めていかなければならない。在宅での生活を選んだ場合には，何よりも退院前に住宅環境の問題を解決する必要がある。そしてやっと実際に生活が始まっても，毎日の食事をどうするか，介護保険の適用の範囲をにらみつつヘルパーや食事サービスをどのように利用するのか考えなくてはならない。もちろんこれまでの段階で利用者本人の気持ちをなおざりにしてはならないが，いずれも待ったなしの「必要不可欠の分野」にほかならない。

　施設入所を望むか在宅を望むかは個人の選択によるが，現状では，施設入所を希望しても希望の施設に入るのに50人，100人待機者がいることも少なくない状況である。たとえ入所できても介護保険が施行されてからというもの，どこの施設でも経費削減が優先され，介護スタッフが十分のびのびと生き生きと仕事しているとは見えがたく，多くの入所者が十分に満足する生活を望むのは難しいと思われる。

　このようにして，さまざまな要素を考えて，とにもかくにも施設か在宅かで生活は始まっていく。そこでの利用者本人の何よりの願いは，それまで（入所前）と比較し困難になった日常生活を何とか元に戻したい，少しでも改善したいという気持ちである。仮に「同じような生活」が不可能であっても，身体が不自由だから高齢だからと，気持ちの面でしなくてもよい我慢を

していることがたくさんあるのではないだろうか。私たち自身も高齢になりいつ障害をもつかわからない状況で，「もし，自分が○○だったら」と考えていただきたい。

　ここに，美容という観点から高齢者・障害者の生活を考え，おしゃれという自己表現を楽しみ，日々の被服生活が活性化されることを願い，そのなかに美容福祉を見出せるのではないかと思っている。もちろんここでいう美容福祉には，単におしゃれを求めるだけでなく，生活全体が質的にレベルアップしていくことにつながっていくのではないかという願いが込められている。

　高齢者や障害者に対応する食事，住まいについては多くの研究や実践が積み重ねられつつある。しかしながら，日常生活動作のしやすさや介護のしやすさばかりが優先されがちな障害者や高齢者の衣生活に関しては，いまだ，個々の体型の違いなど多くの未解決の問題が存在している。その個々の対応の難しさあるいは，少し大きめのものを着ていれば，あるいは着せていれば何とかなるという安易な問題の解決によって，被服（とくに衣服）は後回しにされてきたように思われる。しかしながら現実の生活を考えてみれば，日々の生活のなかで1年365日，しかもほぼ24時間絶えず身につけている被服の役割の大きさに気がついている人びとは，少なくないはずである。何かを着ていればよいという状況が変化し，こんな格好では人前に出たくないという当事者の心理が理解されれば，私はあれを着たい，着替えたら気分がよくなった，どこかに出かけたい，と生きる意欲を高めることにもつながってくる。

　誤解しないでいただきたいことは，とくに着飾ってメイクアップした障害者や高齢者をイメージしているわけではない。たとえ高齢になっても障害をもっても，高齢だから障害だからと我慢を強いられることがないように，それまでの生活がそこにあるかどうかということを皆で考えることが一番大事ではないだろうか。「こんなに迷惑をかけ，これ以上おしゃれしたいなんて

とても言えない」という内なる声に私たちが耳を傾けなければ，本来のケアとはいえないのではないだろうか。

2）高齢者・障害者に合う衣服を考える

皆さんは高齢者・障害者についてどの程度理解しているだろうか。「高齢者と同居していないので」とか，「障害者は身近にいないから」という声をよく耳にする。身近にいないのではなく，実際には気がついていないだけのことが多い。本当の意味で「よく知る」ためには，外から見ただけでその人の障害やそのために抱えている苦労を理解できるはずがない。それらはじっくりとかかわってはじめて理解できるものである。

衣服のリフォームやオーダーは，着る人の身体の状態，生活動作を理解してはじめてできるものである。健常者の衣服と同様，障害者の衣服にもユニバーサルな部分はあるが，基本的には一人ひとりの個人に対応してなされるべきものである。

衣服関係者からの障害者衣服についての問い合わせのなかで，「誰の」という人間抜きの衣服の相談がよくある。「障害者の衣服を作りたいのだが，何から始めたらいいのでしょうか？」「こんな介護服をつくったのだが，誰かモデルを紹介してください」「障害者の衣服を展示したいのだが，何か貸してください」，その他いろいろな相談が筆者のところにもち込まれる。こんなにも障害者の衣服にかかわりたい人が多くいるのに，どうして障害者の衣服は進んでいかないのだろうと常に思っている。その大きな原因のひとつに，人間抜きの衣服が独り歩きをしているという状況がある。ショウウィンドウを飾るものならば，素敵で人を惹きつけるものであればよいのだろうが，衣服は人間が着ることによってはじめてその用をなすものである。頭のなかで考えた障害者の衣服は，絵に描いた餅である。

それでは，障害者の身体をよく理解している介護者は，衣服をどのように

用意しているのだろうか。あちこち探してもないとあきらめるケースが多いが，過去にも多くの看護師や家族を含め，介護にかかわる方々によって病衣や障害者の衣服が考案され，つくられているという実績は決して少なくない。それらの事例に共通するのは，彼らが利用者の身体の状態や障害の状況を知ったうえで，十分に考えて試行錯誤を重ねて作ったものであるということである。こうしたプロセスは，高齢者や障害者の衣服を考えていくうえで，かけがえのない視点であり方法論であることを私たちに教えてくれる。

　ただ，その一つひとつはその人には合うかもしれないが，同じ障害でも状況によっては合わない場合が多い。「○○の障害がある人の衣服はこれだ」ということができない理由はそこにある。また，たとえそれぞれの障害に適応したとして大量生産しても，みんなに合うものではない理由もそこにある。まさに障害者の衣服を既製服化していくことの難しさはここにある。

3）　高齢者・障害者の生活にかかわることの大切さ

　筆者はかつて，近親者の介護で高齢者にはかかわった経験はあるが，障害者にかかわったことはなかった。障害者のなかには，一見して障害者とはわからず，話をしていくうちに障害があることに気づく場合もある（この場合も，障害者であることは別に自分たちの関係には何ら問題はないのだが）。また，障害者としてかかわり，月日が経つうちに障害者であることを意識しなくなっている自分に気がつくこともある。

> **コラム：その人の身体と生活を知る**
>
> 　私が初めて障害がある方に接したのは，今から20年余り前のことである。「障害者の衣服にかかわるうえで，障害者の生活や身体を知らずに障害者の衣服を語れない」と思い，少し不安はあったものの，東京N区にあるS園の同窓会旅行にボランティアで参加した経験がある。このこと

が実はのちに障害者への理解につながり，私にとっては障害者の衣服へのかかわりの第一歩だといえる。

　それは松島への一泊旅行で，私が担当したのは脳性マヒによる障害がある50代の女性であった。脳性マヒの障害がある方に会ったのは初めてではなかったが，介助したのは初めてであった。彼女は18歳までほとんど寝たきりの状態で，すべてを介助してもらっていたが，ひとり暮らしをしたい一心で，排泄の自立（つまり自分でパンツが下ろすことができ，トイレができること）を練習し，現在はヘルパーさんに介助してもらいながらひとり暮らしをしている方だった。私が行った介助は，バスの乗り降り，途中のパーキングでのトイレ，食事，宿に着いてから入浴が主なものであった。それまでの経験からトイレ介助や食事介助は何とかなったのだが，予想を超えたのは入浴介助であった。入浴させることの大変さもあるが，一緒に入浴はしたものの彼女は長湯で私は烏の行水という，障害にかかわることではなく，今までの生活習慣の違いにあった。なんとかもう一人の介助者に助けられながら介助し，無事に一泊二日の旅行を終えることができた。

　この方との密着旅行の経験が，私にとって忘れることのできないものとなった。この旅行をきっかけに彼女とのおつき合いが始まり，その後多くの学びを与えていただいた。今ではトイレ介助も，「私に任せて」と自信をもって言えるようになった。私が強調したいのは，こうした一人ひとりの障害者とのかかわりのなかでこそ，必要とされる衣服も製作できるのであり，製作者も成長していくのだということである。着る人を抜きにした衣服はただの布の組み合わせにすぎないということである。私はこの経験を通して，それ以来，多くの高齢者や身体に障害がある方の衣服についての相談を受け，あるときには直接ご自宅にうかがい，その方ならではの生活に触れ，身体の使い方，身体の動きや身体機能の知識を少しずつ増やしていった。

高齢者や障害者の衣服の研究者には，頭のなかだけで考えている人が多い。だからといって，高齢者施設に踏み込むにもルールがある。生活を乱してはいけないということである。高齢者や障害者のケアにかかわったこともなく計測させてもらったり，アンケートをとることも避けたい。被服関連の研究者や学生，アパレル関係者が一堂に集まって障害者と一日を過ごしたことがある。頸随損傷・脳性マヒによる障害のある方々と生活を共にし，食事・排泄から就寝に至るまで夜遅くまで語り合った。このことは，ほんの一日であっても障害者を理解する出発になったことは間違いなかったと思っている。障害者本人は衣服についてあきらめていることが実に多く，また，被服関連者もそんなものだろうと深く考えずに済ませてしまっていることが少なくないということを，あらためて実感する機会となった。いうまでもなく衣服は，自分という存在の大いなる自己表現の手段であるし，積極的に社会で生きていくために絶対に必要不可欠なものである。そのために人の身体を知り・生活を知ることの大切さを学んでほしい。

◇2　高齢者・障害者の身体◇

1）　加齢にともなう身体の変化

　私たちは若いときの体型をいつまでも保つことは不可能である。人間である以上加齢とともに体型は確実に変化するし，病気や事故で障害を抱えてしまう可能性も小さくはない。衣服を作るうえで，「標準」を考えることは重要である。それにより多くの衣服を作り出すことが可能であるし，その際の基準が人びとの平均に合わせられることも事実である。しかし，それがすべてではないことも承知しておいていただきたい。これからの時代，高齢人口が大きなマジョリティーとなっていくことは明らかであるし，けっしてごく一部の人たちだけが高齢による体型の変化や身体の動きの変化に悩むわけで

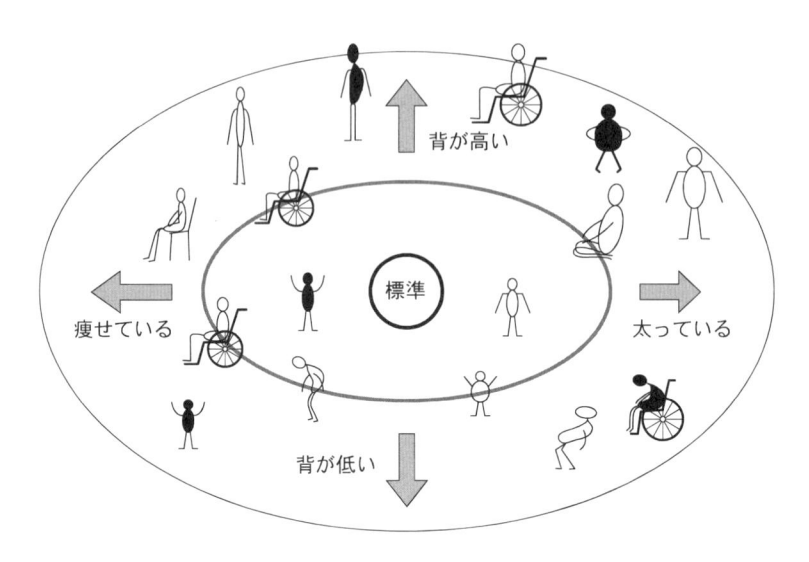

図 3-1　標準の位置するところ（障害者も高齢者もさまざまな体型がありサイズがある）

はない。また障害をもつのはけっして特殊なことではないし，むしろ，誰にでもどこにでも起こりうる，普通のことであると理解するのが一番大切ではないだろうか（図 3-1）。

A．体型の変化

高齢になると個人差はあるが，多くは次に挙げるように体型が変化していく（図 3-2）。

a）背中が丸くなる——衣服の背幅や背丈が足りなくなる

背中は肩甲骨の付近を中心に縦方向にも横方向にも弯曲し，横方向の弯曲は腕付けを前方向に移動させたように感じさせる。その位置は肩に近い部分，肩甲骨よりやや下の部分，胴に近い部分が弯曲するなど個人差がある。また，筋肉が落ちてくることから，肩の傾斜角度が増してなで肩になる。

b）膝が曲がる

さらに腰が曲がり（背骨が屈曲），股関節にも変化が起き，膝が曲がり，

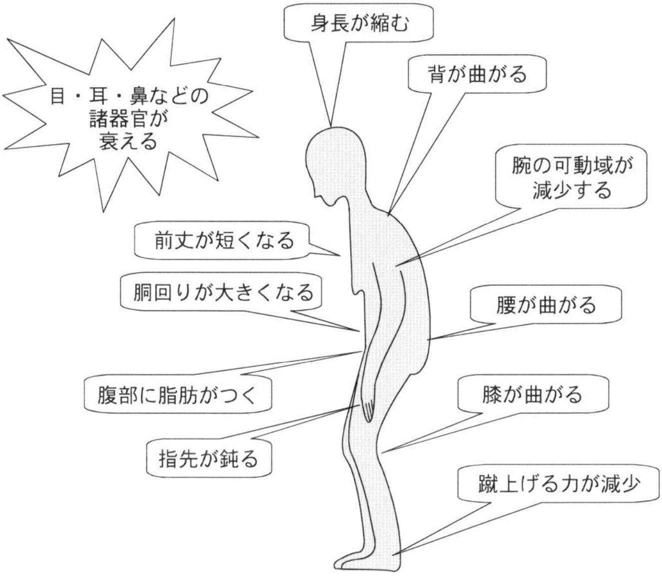
目・耳・鼻などの
諸器官が
衰える
身長が縮む
背が曲がる
腕の可動域が
減少する
前丈が短くなる
胴回りが大きくなる
腰が曲がる
腹部に脂肪がつく
膝が曲がる
指先が鈍る
蹴上げる力が減少

図 3-2　加齢にともなう姿勢・体型の変化

O 脚となりいわゆるガニ股になる人も多い。

c）下腹部が出てくる

筋力の低下と腹部に脂肪がつくためにウエストが太くなる。特に内臓の下垂のために下腹部が出てくる人が多くなる。臀部に関してはそれまで張りがあったのに下がるなど，加齢にともなう変化はあらゆる部分に生じてくる。

B．サイズの変化

体型も変化するが，サイズの変化も起こってくる。ウエストは太くなり，ヒップとのサイズバランスに変化が起きる。

●身長が縮む（加齢により，若年時より 10 センチ位縮むこともある）

胴囲はむしろ大きくなるのに対し身長が縮むため，S サイズでは衣服の丈はちょうどよいが胴回りサイズが窮屈，そのため，胴回りを合わせるために丈が長すぎるという現象が起きる（図 3-3）。

身体が入るものを求めると大きなものになってしまう

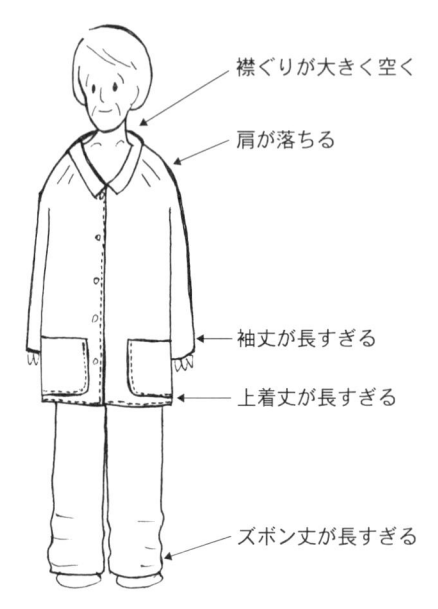

襟ぐりが大きく空く
肩が落ちる
袖丈が長すぎる
上着丈が長すぎる
ズボン丈が長すぎる

図3-3　胴回りを合わせるとその他がダブダブになるパジャマ

コラム：老化によるサイズバランスの変化

　高齢者施設などで，体つきはMサイズの人でも普通のMサイズのパジャマが着られないケースが多々ある。また，ゆとりを多く取っているのではけないことはないが，ウエストのゴムが窮屈でズボンをはくことができず，既製のズボンに入っているゴムテープを取り除き，長いゴムテープに変えるという対応が当たり前のように行われている。また，身体が小さく子ども用の既製服を購入するというケースもある（この場合もウエストサイズは大人のMサイズ）。とにかく高齢になるとサイズバランスが大きく変化するということを知ってほしい。

腰が曲がったために前裾がたれる状態

この状態で裾が長い場合前裾を踏んで転んだり，足元が見えずつまずくことがある

図 3-4　腰や背が曲がったために前裾が垂れる状態

C．姿勢の変化

若いころは背筋を伸ばしてシャンとしていることが多いが，老化により姿勢の変化も起こってくる。

a）坐位姿勢の変化

座っていても腰が大きく曲がり前傾姿勢になってしまいズボンやシャツ類の腰が出てしまう。スカートやワンピースの場合は後裾が吊れ上がり，前裾が垂れ下がってしまう（図 3-4）。

b）バランスをとりにくくなる

背の弯曲とともに姿勢は前屈みになる人が多く，極端な場合は杖が必要になってくる。「長時間立つ」ということが身体に負担を与えるようになって，座っている姿勢をとることが多くなり，パンツから腰が見えている光景をよく見かける。また，立位や歩いている場面では，腹部が突出し姿勢が全体に反り返り，腕を後ろで振ってバランスをとるような姿勢も少なくない。

第 3 章　おしゃれの楽しみ

D．身体の動きの変化

a）歩幅が狭くなる

　身体の動きの面から考えると，それまでの歩幅が知らないうちにだんだんと狭くなり，また，足の振り出しでは，筋力の低下のためにつま先が持ち上がらず，すり足になってくることから，小さい段差につまずいて転んだり，スカートの裾を踏みつけて転んだりという事故が多々見られるようになる。全体的に歩くスピードが遅くなるのも当然であり，せかしたりすることは事故につながることもある。

b）腕の上げ下げの可動域が減少する——脳血管障害などの後遺症で半身がマヒしたり，肩や肘の拘縮など

　日頃からウォーキングやスイミングなどで体を動かしている人ではあまり変化がないが，健常者でも腕が上がらない，腕が後ろに回らないなどのために，袖通しが困難になる，背中のファスナーに手が届かないなど，動きに制限が出てくる。四十肩・五十肩などを経験された方は状況が想像できるのではないだろうか。

c）手の握力が減少する——ボタンかけが困難になる（図 3-5）

　機能的に指先などによる細かい作業が苦手になったり，視力低下をともなうために細かい作業が困難になることも多い。小さいボタンやスナップなどは極力さけたい。さらに握力も減少し，とくにリウマチの方などは普通の張力のゴムでさえ引き上げることが困難になる。

E．身体諸器官の変化

a）視力が衰え，衣服の表裏，前後などの判別が困難になる

　身体の諸器官（目，耳，鼻，など）が老化し，生活に影響を及ぼすケースが多くなる。目は，白内障や糖尿病からくる視力低下などで細かい部分までものが見えにくくなり，微妙な色の違いが区別しにくく，セーターやTシャツの前後の区別，表裏の区別が困難になることもある。

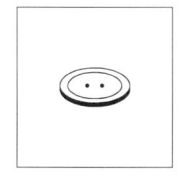

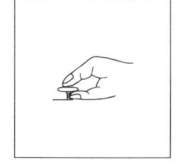

ふちのあるボタンはつかみやすい

糸足を長くし，指でつまめるようにしたボタン

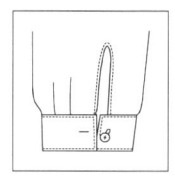

脳血管障害などで片マヒになった方の場合健側のカフスのボタンかけに苦労する。糸足をゴムにし，袖通しの前にかけておく。

糸足をゴムにしたボタン

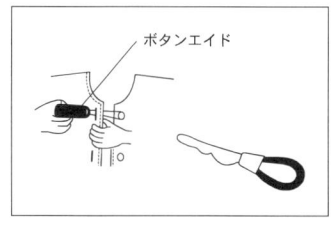

ボタンエイド

指先が不自由な方のために考案されたボタンかけの自助具。ただし，この図のように両手がつかえないと使用できない。

ボタンエイド

図 3-5　ボタンのつけ方

b）聴力の衰え，耳が聞こえない（耳が遠い）などによるコミュニケーションの障害

聴力の障害では見た目にはわかりにくいために，コミュニケーション障害を起こすことが多い。人の言うことが聴こえないので自分の思うままに行動するようになり，家族や周りの人が注意しないとTPOをわきまえず，ちぐはぐなスタイルで公の場に出てしまうことも少なくない。当然のことで，健常者であっても知らずに場違いな服装をしてしまい，恥ずかしい思いをした経験のある人は少なくないと思う。そのような経験から，だんだん引きこもりになるケースも多い。ゆっくり話す，顔を見て話すなどの対応で多くの場

合解決できる。

　c）嗅覚の衰え

　高齢や病気の後遺症で嗅覚が鈍くなることがある。臭いに鈍感になることから，部屋の掃除，ゴミの処理など生活に支障が出てくる。また，汗の臭い，汚れの付着の識別困難から，汚れている物をいつまでも着ていたり（認知症をともないそれらに付随した行為も加わる）することも出てくる。そのような場合は，周期を決めて衣服やシーツの交換をすることが必要となってくる。もちろん若い頃からの生活習慣がきちんと身についていて，年老いても坦々と日常生活を送れる方も少なくない。いずれにしてもかつての生活習慣などにより，それなりに個人差が大きく出てくる部分ではないだろうか。

F．その他

　衣服の着脱に時間がかかり排泄が間に合わず，排泄姿勢や排泄動作に衣服が合っていないために（ズボンの前開きの部分が短い，パジャマなどで開きがない場合など）排泄しにくく，衣服を汚すケースもある。動作に合った衣服のリフォームが必要となる。

2）障害者の身体

　障害の種類によってマヒや拘縮，可動域の低下などが起こり，またそのレベルによってこれらの状態は大きく異なってくる。

　この項では被服を考えるにあたり，障害の種類ではなく，個々のマヒの状況や可動域の違いを基に解説していきたい。

A．マヒ・拘縮への対応を考える

　指先，上肢，下肢，半身など，マヒの状態や腕の拘縮などによって衣服への対応は異なってくる。

　a）下肢マヒへの対応

　脊髄損傷などで下肢マヒになる場合では，車いす使用の生活となり，車い

すつまり座位対応のパンツが必要となる。

●座位対応パンツ

座位姿勢に適したパンツで後股上が長く，前股上が短い（後述の座位姿勢対応パンツパターン参照）。

●靴

非常に重要で，「車いすだから靴はどうでもよい」といった間違った判断がある。また，簡単なゴムベルトの靴で対応されているケースが多いが，よりよい靴を求められるよう利用者の状態をよく知るとともに，「どのような人のために，どのような靴が，どこにあるのか」という情報を得る努力が必要である。メーカーによっては左右異なったサイズの購入も可能である。

●車いす使用者の上衣

下肢マヒで車いす使用の場合，車いすをこぐ動作のために上腕が太くなることもある。そのため袖幅への対応，背幅や胸幅への対応が必要になってくる。また，上衣丈が座面につかえないように短くしたり，前の打ち合わせがダブつかないような工夫が必要になってくる（後述の車いす使用者の上衣参照）。

ｂ）指先・上肢マヒへの対応

指先がマヒすると細かい作業が困難になりボタン，スナップ，ファスナーなど開きへの対応が必要になってくる。

●ボタン

完全にマヒしているとボタンかけはほとんど不可能だが，不完全マヒの場合にはつまみやすい大きめのボタンでふちがあるものがよい。ボタンの糸足を長くするだけでもかけやすくなる。

●スナップ

リウマチの方で指先に力が入らない場合では，かけるだけでなく外す力がないことも考慮する必要がある。ソフトなスナップボタンもあるので，試し

てほしい。

● ファスナー

指先がマヒしていてもファスナーの持ち手がリングなら，それに引っかけてファスナーを上げ下げすることができる場合もある。

c）片マヒ（腕の拘縮）への対応

マヒはリハビリによって改善されていくことを期待しながらも，衣服の着脱の練習を重ねることが大切である。しかし，初めの段階では着脱に関して多くの困難をともなう。

● ウエストゴムのズボン（図3-6）

片半身マヒになると，両手を使ってのカギホックの留めが困難になる。ズ

> **コラム："試す" ことの重要性**
>
> 　脳性マヒの女性があるデパートで「自分はボタンやスナップはかけることができないが，カギホックならできるので，ブラウスの前打ち合わせのボタンをみんなカギホックに替えてほしい」と依頼した。デパートのお直しコーナーでは半信半疑で，ボタンをすべてカギホックに取り替えた。受け取った彼女が着てみると着ることはできたがすぐ外れてしまい，結局，着ることができなかった。
>
> 　留め具は付ける場所によって，本来の役割をなさなくなる場合がある。依頼者の言うことを聞かないわけにはいかないが，仮り付けして試すことが必要になってくる。
>
> 　これは依頼者のほうも自分の身体をよく知って，自分には何ができてそれによってどうなるかということを理解しておかなければならない。
>
> 　高齢者や障害者の衣服の製作・リフォームには失敗がつきものである。失敗してはじめて新しい発見が出てくる。いろいろな工夫は失敗を恐れては成り立っていかないことも大切なこととして理解してほしい。

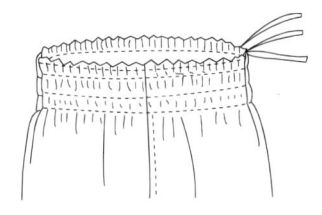

幅広のゴムは指先に力がないと引き上げるのに困難である。4〜6コールくらいの平ゴム（ソフトタイプ）を2〜3本入れたものは比較的弱い力でも引き上げることができ，ソフトにしっかりサポートする。（手指，腕の力の状況に合わせて太さや本数を調節する）

図3-6　パンツのウエストゴム

ボンやスカートはウエストをゴムにした対応がまず考えられる。同じゴムズボンでも柔らかい細いゴムが2〜3本入ったものと，幅広いゴムが1本入ったものとがある。腕の力，手指の力が弱くなった場合は前者の選択が望ましい。

●片マヒ（腕の拘縮している）の方の上衣

片マヒの場合，一般的な衣服の着脱ができないわけではないが，背幅に余裕のないもの，アームホールの小さいものは着脱困難になり，着脱に要する時間が非常に長くなる。また，ボタンかけも困難になり，かぶり式のものが多くなってくる（図3-7）。だからといってかぶり式のTシャツやセーターばかり着るわけにはいかないので，リフォームによってブラウスにも挑戦してほしい。

下衣では，マヒ足が内反尖足になることを防ぐため，下肢装具をつける場合が多い。下肢装具の着脱のためズボンを裾から開くファスナーの長さや位置が問題となる。

脳血管障害の方は，単に身体の半身の手足や体幹がマヒしていることだけが問題なのではなく，それ以外に多くの問題を抱える場合がある。それらは，単なる手足の障害ではなく脳疾患による障害のため，きわめて広範囲に影響を及ぼすのである。

●留め具

前開きの場合，片手で合わせながら留めることが困難になる。しかも，留

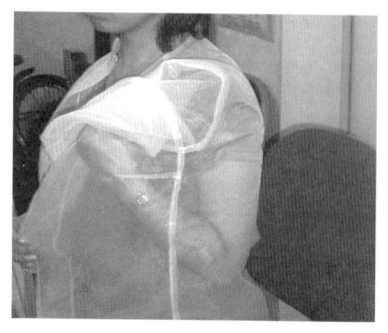

アームホールが小さく，背幅にゆとりがない場合，マヒなどにより腕の可動域に制限があると袖通しが困難

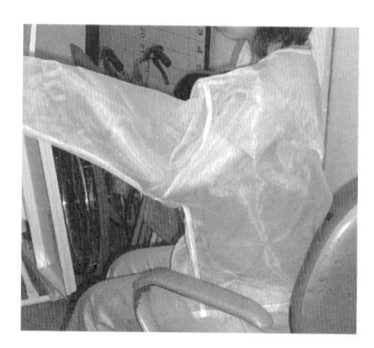

アームホールが大きく，背幅にゆとりがあると，マヒなどにより腕の可動域に制限があっても袖通しは非常に楽になる

図3-7　マヒなどにより腕の可動域に制限がある人へのブラウス

め具はどこに使われているかによって使いやすさが異なる。ただし作業上のみで考えれば，オープンファスナー以外は時間をかければほとんどできることになる。ボタンエイドなどの自助具は，両手動作を必要とするために片手では困難で，右上前になる場合は右手が使え，左上前の場合は，左手が使えなければ用をなさない。

B．可動域への対応

脊髄損傷やリウマチの方で，可動域が減少してくると衣服の着脱に影響を及ぼす場合が少なくない。背中に腕が回らない。前開きの第1ボタンまで手が届かない。腕が拘縮しているので，袖通しが困難などいろいろな着脱障害が起きる（図3-7）。

a）背中に腕が回らない

背中にフレアーやプリーツ，タックを入れるなどして背幅を広くし，腕の可動域に合わせ着脱を容易にする。作業着にある背中のタックは腕の動きや着脱を容易にするので，利用できるもののひとつである。

b）前開きの第1ボタンまで手が届かない

　襟ぐりを下げる，前開きを途中まで閉じ残りの部分をファスナーにし，かぶり式にする，ファスナーの持ち手を長くするなどの工夫が必要。

　これらの体型に合わせた高齢者の衣服，障害者の衣服を特別な扱いにして，普通の衣服とは区別して介護ショップで販売しているものが多い。それを不自然と感じずに当たり前のこととして受け止める人もいるが，自分や家族が高齢になって，あるいは障害を抱え，自分のあるいは家族が着る衣服を一般の売り場に求め，どれも着ることができなかったとき，はじめて，腕が拘縮しているだけで「なぜ？」，身体のサイズバランスが一般的でないだけで「なぜ？」と，思うはずである。「誰にもあることで，特殊ではないのに！」とはじめて感じるのではないだろうか。このように私たちを含めた高齢者や障害者は，さまざまな状況や状態で生活を行っていることを理解し，身体の変化を知ったうえで，動作（着脱動作，排泄動作，車いすをこぐ動作など）を妨げない着やすい衣服が求められる。

3） 身体のサイズと衣服のサイズ

　私たちはおおよその自分の衣服サイズを把握している。しかし，たとえば女性の場合，7号，9号，11号，13号など号数は知っていても実際のウエスト寸法，ヒップ寸法などを知らない人が多いのではないだろうか。号数は衣服のメーカーによってもその寸法が異なり，試着してみないとぴったり合うかどうかわからない。売り場まで行き試着できる人の買い物は簡単である。しかし，「頼んで買ってきてもらったが着られない」という経験をした人は，少なくないのではないだろうか。さらに車いす利用者へ対応した衣服となれば，いったいどこにあるのであろうかという話になってしまう。こうした人びとに対しては，試着以前の問題であるというのが現状である。

それでは，衣服サイズのもとになるJIS寸法はどのように計測して決めているのであろうか。一般的には耳眼水平でまっすぐ前を見て直立姿勢で腕は自然下垂で計測する。インテリアや新幹線の椅子，飛行機の椅子，車いすの設計のための計測などについては，腰かけた状態での計測は行われているが，衣服に関しては一般的には立った状態の計測しか行われてこなかった。しかも，大人用の衣服の多くは若年者の立位計測値を参考に作成される。しかし高齢社会になった今，多くの高齢者は日常的には座位姿勢をとることが多く，座位姿勢しかとれない人が多くなっているにもかかわらず，立位姿勢の計測値がそのまま衣服の寸法として使用されている。さらにいえば，立てない人や寝たきりの人の計測はどのように行われているのだろうかという問題もある。

　このような状況では高齢者や障害者の身体に合わないのはごく当たり前である。高齢者・障害者の身体寸法は，立位だけでなく座位あるいは仰臥位で計測することが必要ではないだろうか。腰かけた状態でのパンツ丈の計測や腰回りの計測など，それにともなった計測器の開発も必要になってくる。また，前項で記したように，高齢者や障害者の衣服のデザインも腕の拘縮や可動域の減少を考えて，アームホールや背幅に考慮した衣服を考える必要がある。

4） 足のケアと靴

　靴の問題や足の計測について考えてみたい。幼少期を思い出すと，だれでも小学校の上履きを親に買ってきてもらった経験をもっているかもしれない。しかし，大人になった今は，他人が自分の靴を買ってくるという経験はまず日常の生活ではないといえる。私たちが靴を買う場合には，実際に両足を入れ，何歩か少し歩いてみて購入しているし，足は特に朝と夕方ではむくみが違うために，なるべく午後から夕方にかけて購入したほうがよいという

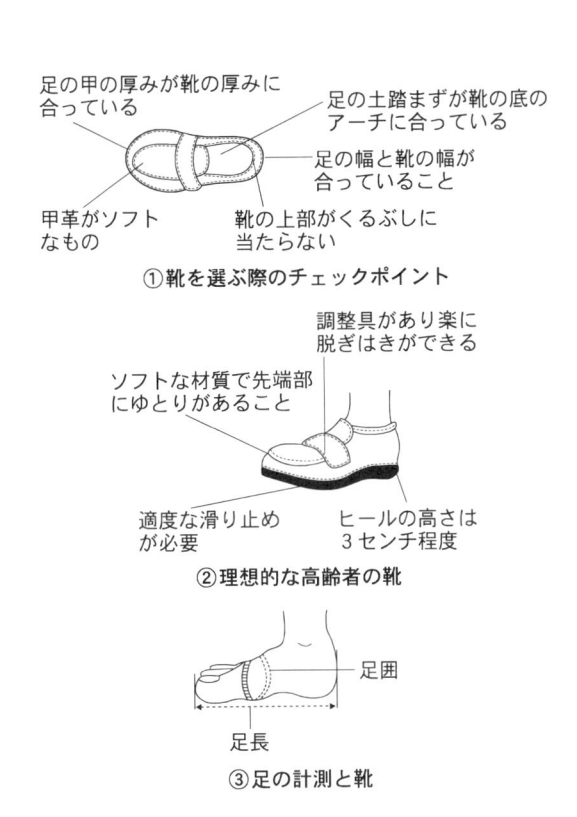

①靴を選ぶ際のチェックポイント
- 足の甲の厚みが靴の厚みに合っている
- 足の土踏まずが靴の底のアーチに合っている
- 足の幅と靴の幅が合っていること
- 甲革がソフトなもの
- 靴の上部がくるぶしに当たらない

②理想的な高齢者の靴
- 調整具があり楽に脱ぎはきができる
- ソフトな材質で先端部にゆとりがあること
- 適度な滑り止めが必要
- ヒールの高さは3センチ程度

③足の計測と靴
- 足囲
- 足長

図3-8　足の計測と靴

ことも，知識としては多くの人がもっている。

　しかし，病院に入院中であったり，歩行が困難で売場まで行けない場合もある。そんなときは最低限，足のサイズを測っていくことが必要になってくる。ここで，そんな場合の実際の足の計測の要領を示してみることにする（図3-8）。

第3章　おしゃれの楽しみ　　109

◇3　身体と動作の特徴にもとづく高齢者・障害者の衣服◇

1）オーダーを考える――座位姿勢に対応したパンツ

【事例１】

　車いす使用のＩさんは，購入したパンツが身体に合わず，後ウエストが下がってしまう。また，ウエストやヒップが窮屈なので何とかならないかという相談を受けた。

　パンツの場合リフォームしてできないことはないが，共布を見つけにくいこと，ただ長さが足りないのではなく，姿勢に合わせたパンツ製作が必要ということから，新規で製作することをお勧めした。具体的には，座位姿勢で計測を行い，座位計測値を入れたパンツパターンを作成しパンツを製作する

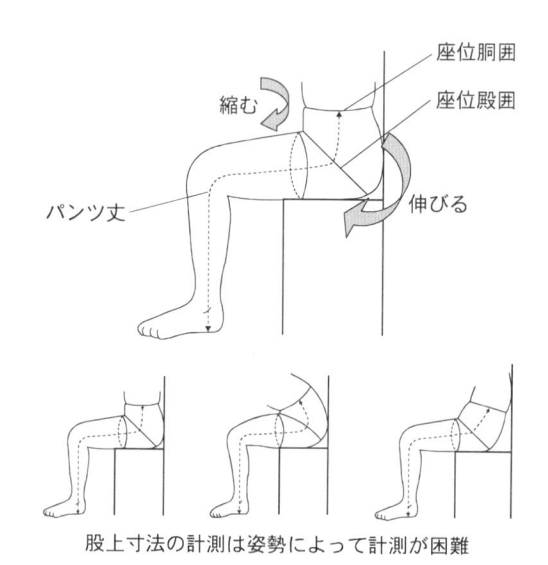

股上寸法の計測は姿勢によって計測が困難

図3-9　座位計測の図

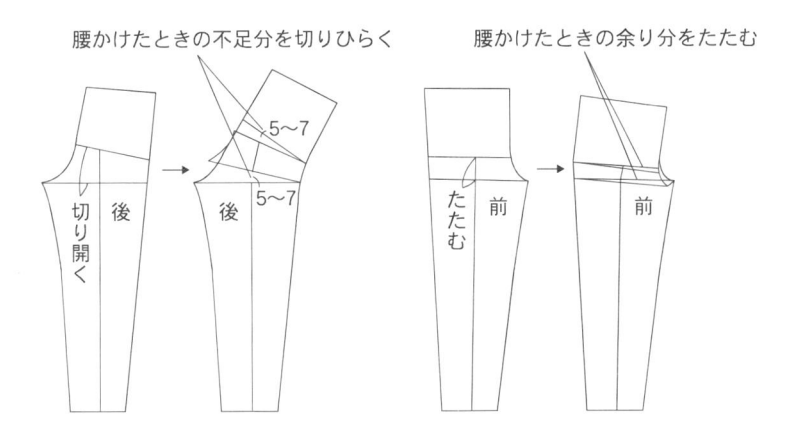

図3-10 座位姿勢を考慮したパンツパターン

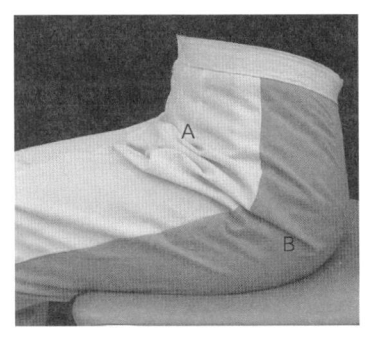

a 一般的なパンツ
前ウエストが圧迫され，後股上が引き下がる

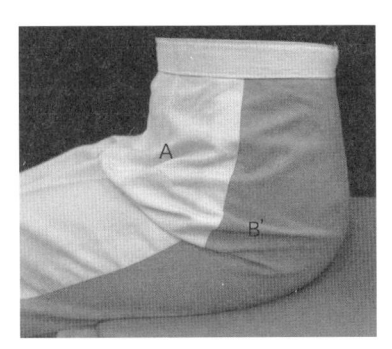

b 座位姿勢を重視したパンツ
（腹部パターン変化なし）
ウエストラインが水平になる

図3-11 座位姿勢を重視したパンツ

こととした（図3-9，3-10，3-11）。また，立ったり座ったりする場合，前パンツのパターンはたたまないようにする（図3-10）。

第3章　おしゃれの楽しみ　　111

2）リフォームを考える

【事例2】
　高齢になり体型が大きく変化したために，手持ちの衣服が着られなくなったり，脳血管障害などの後遺症により片半身がマヒになったことで，今まで気に入っていたデザインの衣服が着られなくなり，あきらめざるを得ない場合。

　こうした場合には，新しくオーダーするよりも，着たいものを見つけてリフォームすることを勧める。

A．状況に合わせた着たい衣服を考える

　手持ちの衣服をリフォーム（修正）することで，思いがけず着やすいものに変えられることがある。また，既製服を購入したいのだけれど，サイズは合っているがどうしても袖通しがうまくいかないなど，新しいものを購入するときある程度の知識があると，着たいものを着られる範囲が広がってくる。着る人の身体をよく観察し，着る人本人の意向に合わせ，本人または介護者にとっての着やすさ・着せやすさを考えて選びたい。

　着やすさというのは，着脱しやすいということもあるが，着ていて気分がよいことも重要な条件である。そして，もうひとつ忘れてならないことは，排泄の際の着脱が容易であるというのも，条件のひとつであるということをつけ加えておきたい。

B．リフォームを依頼するときの注意

　リフォームを店に依頼するときは，着用者本人の身体，生活状況（介護状況，外出，排泄など）をリフォームする人に知ってもらう必要がある。着用者の具体的な希望をメモしてきちんと伝えること，そして着用者のその衣服に込める思いも十分に伝えることが必要である。また，言語障害などがあっ

てコミュニケーションに問題があれば，デッサンを示したり，希望する事柄を箇条書きにして示すなどの工夫も必要であろう。着用者のことがよくわかっている人に同行してもらうことは，依頼を順調に進めることのひとつである。

　リフォームを専門にしている店であっても，高齢者や障害者の身体的特徴をあまり知らなかったり，今まで高齢者や障害者の衣服のリフォーム経験が少ないことを知ってほしい。私たちはフロンティア精神をもって，こうした店にも理解してもらい経験を重ねるように働きかける努力が必要である。そのためには，お店の協力が得られやすいように混んでいる時間帯や休日などは避け，できればあらかじめ予約しておくとよい。

C. リフォームをスムーズに進めるための工夫（障害者をサポートしている方へ）

　おしゃれなものとは違い，肌着や寝間着の場合には細かく縫い目をほどくことを考える必要がないので，ミシンの縫い目ごと縫い代を切り取ると，手早くリフォームに取りかかれる。また，肌着や寝間着などは繰り返し洗濯することになるので，丈夫に縫うことも大切である（図3-12）。

D. 車椅子などの福祉機器を使用している場合

　たとえば車いすを使用している場合には，手動型（自走型，介助型）なのか電動型なのかを確認する必要があるし，さらに背もたれが低いタイプ，高いタイプ，ヘッドサポート付きなどの構造上の特徴も知っておく必要がある。また，障害によっては車いすにさまざまなオプションがついている場合もあるので注意が必要である。たとえば開閉式のフットレストがついている場合などでは，フットレストを開閉したときにスカートやパンツの端を挟み込まないような配慮も必要となってくる。同じようにリクライニング式の背もたれでも，上着の生地が柔らかいものでは裾を挟み込んで裂けてしまうこともある。こうしたさまざまな装備や使い方があるので，仮縫いが不可欠で

Tシャツや鹿の子編みのポロシャツは，伸縮性はあるので着やすいように思えるが，前開き部分が小さかったり，アームホールが比較的小さく，背幅も狭いので，上肢の関節に障害があると袖通しが困難になるなど，着脱しにくくなる。

ポロシャツの裾を，8～10cmくらいカットする。カットした裾を，マチ布にする。

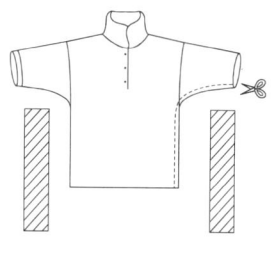

袖下から脇にかけて，縫い代をカットする。袖口の縫い代は折ったままにする。両脇にマチを縫いつける。

両脇にマチを縫いつけ，縫い代を始末する。袖口と裾を始末する。マチをつけることによりアームホールは大きくなり，背幅も広くなる。

図3-12　ポロシャツやTシャツのリフォーム

あることも強調したい。また車いすだけでなく他に使用している機器があれば，どんなタイプでどんな使い方をするのかという確認も必要である。

E．製作費について

　高齢者・障害者への対応となると無料ボランティアが多いが，依頼者と受ける側が対等な関係を保つために，原則として製作にかかる費用（材料費，縫製費，場合によっては交通費）は依頼者本人に求める意向を伝え，はじめにどのくらいの製作費がかかるのかを確認する必要がある。1着めを作るときは，製作者も依頼者も慣れていないために時間やお金がかかることがある

が，2着め，3着めとなると，双方が慣れてくるために時間も短くなり，それにしたがって費用も安くなるケースがある。両者で十分に話し合って決めたい。

　無料ボランティアの場合は，お互いに長続きしないことが多い。受ける側も予想以上に費用がかかり負担を感じたり，依頼者側にも遠慮があると言いたいことが言えなかったりする。利用者（着用者，依頼者）が，要求をはっきり言える環境をつくるためには，責任をもって作業してもらえるよう，製作費をきちんと支払うことが大切である。また，リフォーム箇所が多かったり，布が足りない場合はオーダーしたほうがよいこともある。また，着用者本人の希望と，製作経過，結果は，2着めあるいは同様なケースのためにも記録に残しておくことが大切である。

F．お店・既製服会社の方へ

　リフォームをしていると，もう数センチ脇の縫い代が多ければ，せめて余り布があれば，と悔しい思いをすることも少なくない。少しの工夫でずいぶんと多くの方々が助けられることになる。デザインがくずれるからとリフォームを拒むケースも聞いたことがあるが，着たいと思うものをなるべく多くの人に着てもらうという発想も，衣服の製作者にとっては大きな喜びにつながるのではないだろうか。そのためにも「お直し」への心を開いてほしいと思う。ズボン丈の調節はできるのであるから，身幅の調節ができるような配慮もほしい。

3）リフォームの事例

A．事例1——おしゃれと社会参加

　Aさん（30代女性）は20代後半で脳梗塞になり，その後遺症として左半身にマヒが残った。それまでアパレル関連に勤務していたこともあり，おしゃれには人一倍関心があった。しかし，左半身マヒのためブラジャーはも

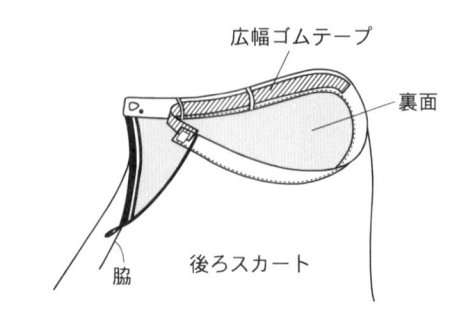

広幅ゴムテープ
裏面
脇
後ろスカート

前開き・脇開きで対応できる。またズボンと同様，スカートにも対応できる。

図3-13　カギホック留め具が苦手な方へのリフォーム

ちろんのこと，カギホックのついたスカートは何ひとつ着られず，退院後もウエストゴムのスカート，ゴムズボンやスウェットの上下など，おしゃれとはほど遠いスタイルを余儀なくされ，外出意欲もなくなってしまったとのことである。

　Aさんとの話し合いのなかで，衣服に関して次のような問題があることが明らかになった

(1) 半身の手足がマヒしているため，自分で衣服の着脱がしにくい。
(2) マヒしている側がきれいに着られない。
(3) 排泄時の着脱が困難。
(4) 片足に装具をつけているため，ズボンがはきにくい。

　Aさんにはズボンとスカートのリフォームを行った（図3-13）。これをきっかけに，Aさんは工夫をすればいろいろな衣服を着ることができるという自信をもつことにつながり，その後もさまざまな衣服を着ることを楽しんでいる。元気だった頃に比べて身体の状況が大幅に変化し，その後も場合

によっては徐々に良い方向へ，または悪い方向へと変化していく可能性があるなかで，どのような衣服を選べばよいのか難しい選択を迫られている。とくに自分で買い物に行けない方が多いため，家族または周囲の方が本人に代わって選ぶことになるが，たとえ家族といえども自分以外の人の衣服を選ぶことはたやすいことではない。

B．事例2——勇気を出して紳士服店へ

　脳性マヒのBさん（40代男性）の介護者から，「ジャケットを買いたいがどうしたらよいだろうか」という依頼があった。電話口である程度の状況を聞き，数日後住まいを訪ねた。若い頃は身体に柔軟性があったので普通の既製服が着られたが，このごろはジャージやジャンパーで過ごしているとのことであった。このたび海外旅行の計画があり，久しぶりにジャケットに手を通そうとしたが，思うように着ることができないということであった。ジャケットは若い頃の物で，サイズはもう身体に合っていなかったので，新調することにした。オーダーするか即製服を直してもらうかを考えたが，できれば既製服でという希望から，近くの大型紳士服店に出向くことになった。

　あらかじめ店に電話を入れ状況を話したところ，「身体のことや，お直しする部分の説明をしてくれる人がいれば，あるいは本人が説明できれば対応できます」ということで，快く引き受けていただいた。ウィークデーの空いている時間帯に店で待ち合わせをし，Bさんは介護者と共に車いすで訪れた。早速ジャケットを見て回った。車いす使用ということで3つボタンのジャケットを探し，これならというサイズ，デザイン（カラー），価格のジャケットが見つかった。しかし袖を通そうとしたが，やはり無理だった。そこで，上肢の可動域の少ないBさんが着用するためには，どこをどう直したらよいかをお店の方に説明した。

　(1)　背幅の確保のために背中心にファスナーをつける。

前の開き部分が大きい場合はボタンを1つ追加する。
(なるべく3つボタン4つボタンのジャケットを選ぶ)

ジャケットの丈を短くし，可能ならポケットの位置をずらす。

また，座位姿勢のヒップ寸法は大きくなるので，スリットなどを入れ，周り寸法の不足を補う。

着崩れしにくく

上肢に障害がある場合は、ジャケットの着脱には，背幅にゆとりが必要。プリーツやギャザーなどが入れられない場合は，背中心にファスナーをつけ，ゆとりを補うことができる。ただし背開きなので，着脱には介助が必要となる。

着脱しやすく

図3-14　ジャケットのリフォーム

(2) 車いすの座面につかえるので上着の丈を短くする。
(3) 車いすに腰かけたときの腰回り寸法の確保のために，ジャケットの両脇にスリットを入れる。

以上が依頼したリフォームの詳細である（図3-14）。

ついでに首回りの大きいワイシャツ，ズボン（胴回り，腰回り，ズボン丈のサイズに合わせただけ），ネクタイ，靴下，靴など，一緒に買い物をし帰宅された。後日，ジャケットのリフォームが完成したところ，背中心のファ

前開きのブラウスは2本目の袖通しが困難なうえ，ボタンかけができない人は介助なしには着られない。ブラウスをかぶって着られるように単に前中心を半分閉じても，袖に腕を通すための身頃の余裕がなければ着られない。

背幅を広げることでその余裕を確保した。背幅を広げる，あるいは袖ぐりを大きくするなどのリフォームで，着脱が可能になる。

かぶって着る

第3ボタンまで開け，ファスナーをつける

ファスナーの持ち手は，指が引っかけやすいものにする

前打ち合わせを縫い閉じる

背幅を広く
背幅が狭く，袖通しが困難

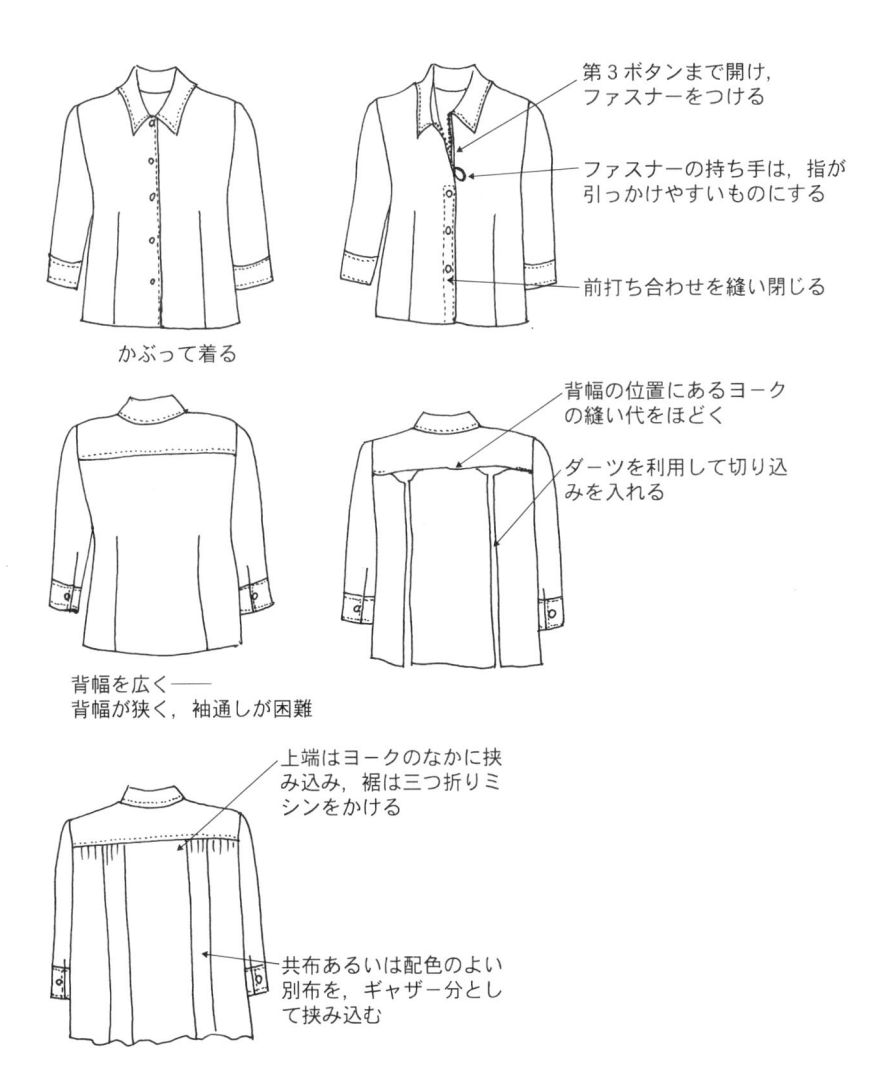

背幅の位置にあるヨークの縫い代をほどく

ダーツを利用して切り込みを入れる

上端はヨークのなかに挟み込み，裾は三つ折りミシンをかける

共布あるいは配色のよい別布を，ギャザー分として挟み込む

図3-15　前開きブラウスをかぶり型に

スナーは介護者の助けがなければ着られないが，背幅のゆとりの多いワイシャツはひとりで着ることもできた。

依頼した紳士服店では，「この程度のリフォームなら問題ありません」とこれからの来店を歓迎してくれた。ただ，土日，祝日のお客が多いときには細かい対応が難しいので，ウィークデーの日中の来店がありがたいとのことだった。

このようにていねいな対応をしてくれる店は多くはないと思うが，一つひとつ事例を重ねてお願いしていくことが今後につながるのではないかと思う。また，店の販売部門とリフォーム部門が直結している店舗のほうが対応しやすいのではないかと思う。

C．事例3——おしゃれへの挑戦

Cさん（女性）は交通事故による頸髄損傷のため指先にマヒがあり，また，上肢の可動域も狭い。現在はヘルパーさんなどの力を借りて（家事ほとんどをお願いしているとのことだが），ひとり暮らしをしている。Cさんは，袖通しが難しいことと，ボタン掛けができないことなどから，かぶりのTシャツあるいはセーターしか着られないという。ブラウスを着たいが，そんな理由で着ることができないのであきらめているということだった。普段はよいが，外出時にはおしゃれな服も着てみたいという要望を，なんとかかなえようとしたケースである。

本人の好みのブラウスを購入し，前の打ち合わせを閉じて，かぶりタイプに仕上げた（図3-15）。

◆4　おしゃれと社会参加◆

1）車いす使用者の着付け

一般的に着物は立った状態で着付けを行っているため，従来から，車いす

留め袖の着付け　　　　　　振り袖の着付け

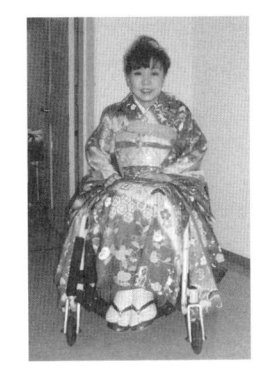

図3-16　留め袖，振り袖の着つけ

生活になったり立つことが困難になると，着物を着ることをあきらめるケースが多い。結婚式場での記念写真はまだまだ和服姿が多く見られ，そのようななかで，車いすに腰かけた高齢者が着物を着られないことを悲しく思っていることを感じ，腰かけたままで身体に負担をかけることなく着付けられる方法を考案してみたので，以下に紹介したい。

　筆者の所属する美容福祉学科では授業のなかで，「車いすの着付け」の実践が行われている。車いすの着付けは，何年か前までは「車いすだと立てないので，着物を着られない」「障害者は二部式の着物を着るしかない」ということが当たり前のことであった。「腰かけたまま着られないだろうか」と着物を車いすの上に広げ試行錯誤を繰り返すうちにできあがった着付け方法である。思いつきをかたちに実践することができた（図3-16）。

第3章　おしゃれの楽しみ

> コラム：成人式の振り袖

　ある日,「脊髄損傷のため車いす生活をしている女性が3人いるのだが,成人式を迎えるので振り袖を着せてほしい」という依頼を受けた。近くの養護学級を会場に振り袖の着付けを行うことになった。入院先の病院からバスで会場に着いた女性やその家族は,硬い表情であいさつを交わした。のちに学生たちが語ったように「彼女たちはどうしようもないくらい暗い顔」をしていた。学生たちは,なんと声をかけようかと戸惑ってしまったとのことである。

　会場で学生たちに迎えられ,振り袖を「赤,緑,青」と選んでいくうちに,彼女たちの表情に微笑みが浮かんでいった。不自由な身体となってまだ1年と経っていない彼女たちは,衣服も袖を通すのが難しく,ジャージ姿であった。学生たちは,無造作に解いた髪を華やかに結い上げ,化粧をしていった。彼女たちは事故以来,口紅もつけたことがなかったという。ところが,着付けが進むうちにそれまでとは表情も変わり,学生たちとのやり取りのなかで,笑顔も見せてくれるようになっていった。

　着付けが終わり鏡を前にしたときの彼女たちの笑顔は,いまだに私たちスタッフにとっても手伝ってくれた学生たちにとっても,忘れがたいものである。見事に着付けを終えて鏡に映し出された自分の姿を目の当たりにしたとたん,彼女たちはまるで別人のような表情を見せてくれたのである。「うれしい」という一言を聞いた瞬間,筆者も含め学生たちも,そして久しぶりに着物を着た彼女たちの目にも涙がこぼれた。あいだに入ってセッティングしてくれた依頼者も,彼女たちの微笑みを初めて見たとのことであった。その後も彼女たちとの交流は続き,ときどき連絡しあう仲となり,昨夏の高校生を対象とする短大の体験入学には,当時リハビリのために入院していた九州の病院から,ショーのモデルとして参加していただいた。久しぶりに会った学生たちと「元気？」と言葉を交わしていた。美容師を目指すある男子学生は,「僕のところにくれば,車いすでもちゃんとシャンプーやるよ！」と話しかけていた。また,「あのときの嬉しそうな顔が忘れられない」と語っていた。

2） 車いす使用者の着付けの実際

　本来なら，一般的な着物の着付けをまず習得してそのうえでの工夫となるが，丈の調節は立った状態では床すれすれにしたり，短めにしたりと難しいが，腰かけたままでの着付けは，立った状態よりむしろ簡単にできるので，初心者でも挑戦してほしい。

　初めは簡単な浴衣から挑戦してほしい。本来の湯上がりの衣服としての浴衣は，ゆったりしていて，袖付けも大きく，腕が拘縮していても袖を通しやすく，幅の調節も丈の調節もできることから，ユニバーサル衣服としての可能性もあると思っている。

A．着用者の身体の状態により，車いすからの移動方法はさまざま

　利用者の車いすに着物を広げなければならないので，一時的な移乗のために，人によってはもう１台の車いすが必要になる。褥そうの心配がなく座位が保持できれば，普通のいすで十分である。

　移動方法は，①肩を貸すなど１人で移動させられる場合，②２人で両脇から支え移動させる場合，③リフトで移動させる場合など，その方の身体の状態に適した方法で行う。

B．着つけを簡略に心地よく着るための注意事項

(1)　下着をできるだけ簡略にする。振り袖や留袖を着る場合，衿の背側に背布をつけたもの（山野学苑考案の下着類〈愛好衿〉など）を使用し，長襦袢の代わりとする。半襦袢の使用でも可能（長襦袢を着ることにより，長着との間にずれが起こり，姿勢がくずれる場合もある）。

(2)　足袋は一般的なものが使用できる場合はよいが，足が硬縮したり浮腫のある場合は，伸縮性のある足袋や足袋カバーが履きやすく履かせやすい。

(3)　草履や下駄は鼻緒（指壺）が窮屈な場合が多いので，指壺を調節し

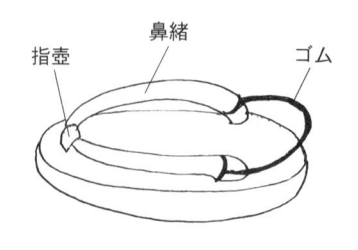

図3-17 草履の工夫

長くできるものは長くするように工夫する。また，草履が脱げやすい場合はかかとをサンダルのようにゴムで止めるとよい（図3-17）。

(4) 帯が窮屈という人もいるが，人によってはしっかり締めたほうが座位姿勢が安定する人もいる。その人にあった締め具合で心地よく帯を締める。

(5) ひもはほとんど使用しないが，衿を整え，打ち合わせを崩さないために，ゴムの先に留め具のついた着物ベルトを使用する。

(6) 一般的に着付けの前に排泄を行うが，尿漏れの心配な方は紙おむつを用意し，着物を広げ座る部分に敷き込み安心してもらったうえで，着付けを行う。

(7) 着慣れないものを着るということを理解し，身体に負担のないように長時間の着衣は避けたい。

C．着付けの順序（浴衣の場合）（図3-18）

(1) 浴衣を車いすの上に広げる。浴衣の背中心を車いすの中心に合わせ，（身体回りのサイズに対して浴衣の幅が足りない場合は，浴衣の背中心を車いすの中心より着せる人から見て右方向にずらしておく）裾はフットレストに合わせてセットする（図の①）。

(2) 広げた着物の上に着用者を移動させる。着用者が安定する方法で行う。片袖を通す（図の②）。

①浴衣を車いすの上に広げる
裾はフットレストにあわせる

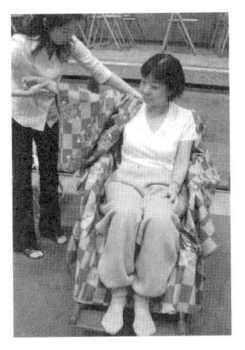

②片袖を通す

③もう片方の袖を通す

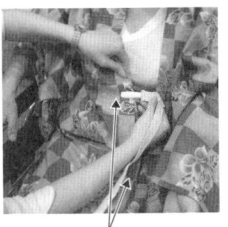

④下前のお端折をたたみ着物ベルトで挟む

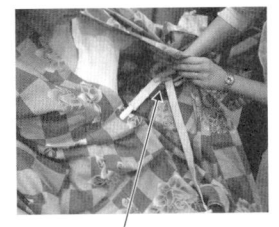

⑤左の身八つ口から手を入れて着物ベルトを引き出す

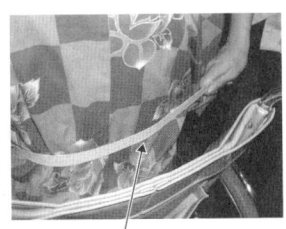

⑥身八つ口から出した着物ベルトを背中に回し，右脇にもっていく

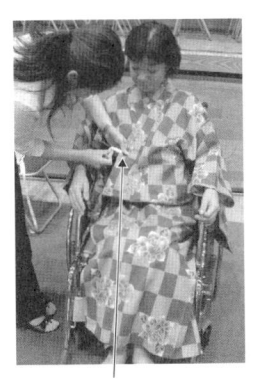

⑦上前のお端折を整え，着物ベルトで挟む

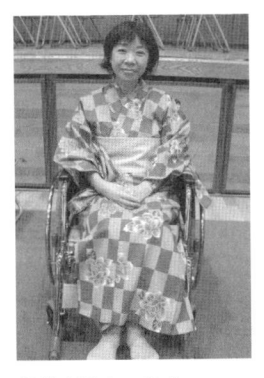

⑧帯を締めて完成
浴衣の場合，帯は造り帯で胴部だけでもよい

図3-18　車いす使用者の浴衣の着付け

第3章　おしゃれの楽しみ

(3) もう片方の袖を通す（図の③）。

(4) 下前を整える。お端折をとり（前身頃の腹部の余り分），着物ベルトで一度にはさむ（図の④）。

(5) 左脇の身八つ口から（内側から外側に）着物ベルトを通す（図の⑤）。

(6) 身八つ口から出した着物ベルトを後ろ腰回りを回して，右脇にもってくる（図の⑥）。

(7) 上前（左前身頃）のお端折を整え，右脇にもってきた着物ベルトで上前の衿下をお端折と一緒にはさむ。

ここまでで，一般的な着付け（前を合わせて，腰ひもを締め，お端折を整えてその上からひもを締める段階）が終わったことになる。

(8) 帯を締める。帯は一般的な締め方と同じだが，簡略な帯型を使用してもよい。

まず，浴衣から挑戦してみよう。帯も簡単な造り帯からはじめてみてはどうだろうか（問い合わせ先：山野美容芸術短期大学）。

3）車いす使用者のドレス

若い女性なら，誰しも一度はドレスを着てみたいと思うのではないだろうか。ウエディングドレスの試着会は若い女性たちでごった返している。そこには女性の夢があり，憧れがある。そのような場所に車いす使用者を見たことがなかったが，障害者のウエディングドレスやフォーマルドレス事情はどうなっているのだろうか。

A．思いきって試着してみよう

健常の若い女性がウェディングやイヴニングドレスの試着会に興味をもつのと同様に，障害をもつ女性たちもドレスへの興味は大きい。以前，障害者へのドレス試着会を企画したことがある。しかし障害者に情報が届かないこ

とが一番の原因のようだが，なかなか試着者は集まらなかった。そのような機会があったら，思いきって試着してみることが大切である。試着してみないことには先に進まない。アパレル関連の企業のなかには，車いす使用者への対応をしてくれるところがある。

B．ドレスを着る——ロングドレス

頸随損傷の方の多くは車いす生活をしている。健常者と異なり腹筋が弛緩してしまうので，どうしてもウエストサイズが大きくなり，腹部に脂肪がつきやすくなる。そのために細身のドレスは，背中のファスナーが上がらない状況になる。また，手こぎの車いす使用者は上半身の筋肉が発達するために，背幅，アームホールや上腕のサイズが不足してしまう。

このように，実際に妨げになっているのはデザインや機能の問題ではなく，サイズが問題なのである。障害があったり，補装具を使用していると，健常者の体型とは異なったところに筋肉がついたり脂肪がついたりして，既製品では合いにくくなるのである。これは障害だからというより，ドレスのサイズ自体に問題があるのではないだろうか。たぶんスポーツ選手でも，サイズが合わなくて着られない人は少なくないだろう。最近はサイズ展開も多くなったが，7号以下や13号以上の人たちのドレスは，きわめて少ないのが現状である。

その他，障害者がドレスを着るときの注意事項として，ドレスの長さ，ボリュームなどにある。ドレスの長さでは，車いすのホイールに巻き込まれないように注意が必要であり，ボリュームの点では，パニエ（ドレスのふくらみを出すためのもの）の後座面にあたる部分が厚いと皮膚に与える影響も考えなければならない。後スカートのパニエはできるだけ薄くすることが望ましい。前スカートはじゃまにならなければ華やかであっても問題ない。勇気を出して挑戦してほしい（図3-19）。

図3-19 車いす使用者のフォーマルドレス
(写真ではわかりにくいが,モデルは車いすに座っている)

◆5　おしゃれは生きる喜び◆

　「洋服なんか単に着ていればよい」という時代は終わったのではないだろうか。「おしゃれ」の定義として,着飾ることより気分のよい装いであることを提案したい。「着たい衣服を着る」というきわめて当たり前のことを実現したときの彼女たちの喜ぶ顔が,「おしゃれ」の定義そのものである。何よりもこうした当たり前の要求が実現できていないことに,注目する必要があるのではないだろうか。私たちは日々の生活のなかで,場に応じた,そし

て自分の好みや気分にもとづいた衣服を選んで身に着けている。しかし，高齢者や障害者の多くはこうした自由な選択ができない状況にある。ただ身体が不自由というだけで，着る衣服が限られてしまうのである。こんな理不尽があってもよいのであろうか。

　これまで多くの障害者や高齢者，そしてその家族やときにはホームヘルパーなどの介護の専門職に出会い，衣服に関する相談を受けてきた。そのなかで痛感しているのは，彼らが一様に今の事態をあきらめてしまっていることである。彼らにしてみれば「自分の着たい衣服を着られる」とは思ってもいないから，当然といえば当然であろう。しかし，そのお手伝いができたとき，彼らのあきらめもまた変化するのである。自信をもってほしい。あなた方の気持ちはちょっとした工夫で実現できるのだと。そして世の人びとに広く理解していただきたい。高齢であろうと障害があろうと，好きな衣服で街を歩くことは人間にとって大きな喜びであることを。

　車いす障害者のファッションモデルもいる。ファッションショーの舞台に立ちたいためにリハビリに励む人もいると聞いている。世の中も少しずつ変化していることを実感している。夢を与えるファッションショーも大切だが，落ちついて気分よく毎日がすごせる衣服は，最高の薬ではないかと思う。「病は気から」の気が良くなることにつながるのではないかと思う。はじめに述べたように，高齢者や障害者の衣服の分野はまだまだ進んでいるとはいえず，これからの分野である。

　施設従事者や在宅での介護者は，高齢者や障害者の生の声を聞ける大切な存在である。その声がアパレル業界を動かしていく力だと思っている。あきらめずにこれからの高齢社会に向けて，衣服は重要な存在であることを認識してほしい。

第4章

介護予防時代の新しい介護

自立を支える生活支援の展開

田村 静子

◇はじめに◇

　読者とともに本書のねらいを共有するために，新しい時代について考えてみることにしたい。新しい時代の新しい介護というからには，介護保険制度の枠組みで概説や評論を行うのではなく，介護保険によって起きている介護サービスの変化を，「介護」を利用する立場や「介護」を支える立場に視点を置いて，そのあり方について共に考える機会になればと思う。

　すでに，2000年を境にそれ以前と以降で，介護の利用実態が大きく変化している。そして，この2000年から2005年までの変化も，介護保険に込められた自立と自尊を支える介護の実現目標のプロセスにすぎない。筆者は，このプロセスがいわゆる「団塊の世代」の介護の実現にどのようにつながっていくのか見極めることが重要であると考えている。とくに，介護を社会的に享受する者も，その介護を支える者もともに，権利と責務について考えながら新しい介護を実現していくことが必要であり，検討の一助となればと考え本章を進める。

◇1　広がる介護の社会化とシステムへの期待◇

　利用者や提供者からみた介護を理解するうえで介護保険について整理しておきたい。整理の視点としては3つ挙げられる。ひとつはこれまでの高齢者福祉と介護保険は同じではないということである。わが国は現在，超高齢社会の課題のひとつである介護問題をこれまでの高齢者福祉の制度から，保険のシステムを活用して乗り切ろうとしている。語意からすれば，制度とシステムは同義語である。重要となるのは，高齢者福祉における介護と保険がカバーする介護とは違いがあるということである。保険でまかなうことになっ

たのは，これまでの公的サービスではまかないきれない介護サービスそのものの量的確保の必要性に応える手段のひとつとして，市場サービスによって提供するという選択がなされたことによる。ということは，国民が介護というものを理解し，さらに公的サービスでまかなわれてきた介護サービスをも理解したなかで，どの部分を介護保険が担うのかを承知していなければならないということになる。しかしながら，介護保険の目的が介護の社会化であったように，この介護保険利用対象は，これまで公共によって行われてきた介護サービスや高齢者福祉を利用したことのない者が圧倒的多数を占めることになる。ということは，介護保険導入前までの介護サービスとの違いやその範疇を超える社会福祉を理解している者は，さらに限られているとみるべきである。そして，この理解の仕方によっては，介護保険に対し，過大な期待をかき立てることにもつながってしまうわけである。よって，2005年の介護保険改正という見直しの機会は，介護保険が担うことができる介護サービスの姿を明らかにしていく絶好の機会であり，保険外となる介護サービスのあり方や公の責任や役割をあらためて示していくことが必要になっている。

　2つめに保険財政という枠組みからみていく必要があるということである。超高齢社会の介護が社会に求められ，この受け皿として保険という手法で乗り切ろうとしているとき，どれだけの量とその拡大に対応できる財政基盤が見込めるのかということである。この保険の先例としては，すでに課題が顕著となっている医療保険が参考になる。医療保険の課題は，なんといっても高齢者の受診が国の想定を大きく上回っていることにある。さらに，この想定以上の医療を利用する高齢者人口は，団塊の世代の高齢化とともに急増しており，国民健康保険をはじめ各種の健康保険組合が存亡の危機にある。このように保険の機能は，被保険者の利用にかかる費用（医療の場合は検査や診療，薬）負担や報酬（医療の場合は病院や薬局に支払う医療報酬）

を，保険料や税の投入と総合的に照らし合わせて計画運営していくことが重要である。医療保険の現状は，その伸びが想定を超え負担や報酬の微調整では改善に及ばず，大きな改変を余儀なくしている。

このことは，介護保険においても同様の課題があるということを示唆している。介護保険が想定した機能を発揮するためには，保険料収入や税の投入と支出がバランスしていることが重要となる。介護保険の場合は，利用対象者を要介護認定という方法によって制御できる仕組みをとっている。よって，医療保険に比べ，想定した利用者数とサービス利用量（サービス購入費用）がイコールになれば，支出の仕組み（保険徴収額や税の投入）のなかで運営できることになっているはずである。ところが介護保険の施行では，これまでの高齢者福祉の利用のように，家族が介護する人もいるはずだから対象となったすべての人が使うことはないだろうとか，その利用するサービス量も保険の上限枠までは使うこともないだろうといった，希望的な推測が数や量に加味された。実際の利用状況は，施設利用需要の伸長と保険利用対象となったほとんどが，サービス利用につながったように，支出を下げる希望的想定を覆すものとなった。このような希望的想定をもとにつくられた保険は，財政が赤字になる可能性を高め，自治体の財政を大きく脅かすこととなった。このシステムの機能回復を図るためには，サービス利用対象者数や量を減らすための対象者の制限や利用条件を設定し直すか，保険料を上げるか，サービスの単価を下げるかなど調整を余儀なくするのである。

すでに，ここ5年の介護保険の利用実態は，従来の高齢者福祉の対象者とまったく異なる利用意識が働き，供給においても市場のメカニズムが強く動いている。保険者である自治体は，この利用意識や市場メカニズムを団塊の世代に焦点をあて保険財政を建設する必要に迫られている。そして，介護保険利用者やその家族も介護保険をどのように使いたいかだけでなく，どのように使うべきか，従事者や事業者においては，どのように担うべきかを合わ

せて考えていくことが必要になってきているのである。

　3つめに指摘しておきたいことは，保険で提供（利用）できるサービスの質に対する理解という問題である。武藤（2003）[1]のなかで，介護保険を取り上げている。そこでは，介護がこれまでは行政によって供給が担われてきたが，供給が不足する領域では市民団体による活動や政府関連団体等による活動，さらには営利企業による事業などによって，複合的な供給が期待されるとしている。このような方法をとる場合，行政による供給との違いとして「一定の質を確保しつつ量的な充足を求めると，サービスは必然的に画一化していくことになる。福祉サービスについても同様であるが，福祉サービスは先に述べたように個別性が高いために，サービスを受ける側にとっては使いづらいものとなってしまう。すなわち，サービスにおいても公平性を保たなければならないという原則は，個別性の事情を抱えた市民に対しては，画一的なサービスしか提供できないという矛盾を生じさせてきた」と指摘しており，介護保険にも同様の課題が生じるというものである。

　すなわち，保険によって利用の対象が条件の枠組みに該当すれば，所得の多少や介護してくれる家族の有無などに関係なくすべてが利用対象となることができる。このことは利用者からみると，なんと公平にサービスを利用することができるようになったことかと思える。しかし一方では，サービス利用に至る入り口は公平であっても，利用者の状態は千差万別であり，担保されるサービスが利用者の望むサービスとなりうるのかということである。このことは，サービスを提供する当事者である従事者においても，介護保険におけるサービスは従来の福祉サービスと同様ではないというだけではすまないわけで，利用者の望むサービスとどのように整合を図る必要があるのかが問われてくることになる。

　この3つめの視点こそが，先にあげた2つの視点に直接跳ね返って具体的な介護保険を形成することになると考える。2000年を目前にした介護保険

導入のキャッチフレーズは，介護の社会化という命題であった。さらに，介護保険のねらいは在宅福祉の実現であり，この解釈からすれば介護保険が在宅を希望する利用者の介護を本当に担っていけるのかが問われるのである。利用者や従事者はこの2005年の介護保険制度の見直しを理解しながら，介護保険によって社会化できる介護とは，どのようなサービスをどのように使いこなすことなのか，あるいはどのように提供されるべきなのかということがあらためて問われているのである。さらに，介護保険が団塊の世代を対象とする際に，社会化した介護をどのような方向へ導くことが必要であるのかを問い直すことが最も重要であると考える。また，介護保険で提供できる介護について考える一方で，公が担うべき役割を明確にすることや市場の形成を育むことも必要と考える。加えて，介護の社会化は，介護される側の負担感の軽減とともに介護労働の負担を利用者やその家族から解き放つことに役立つが，利用者やその家族がそれぞれに担うべき役割があることもともに考える必要がある。

◇2　調査結果にみる保険サービスが果たしている役割の現状◇

　介護保険で提供できるサービスが，一人ひとりの利用者にとってその人らしく暮らし続けるうえで，どのような役割を担うことができているのかを，はじめにみることにしよう。

　2001（平成13）年度に行った「要介護認定を受けた在宅高齢者の介護環境に関する実態調査」（財団法人長寿社会開発センター）では，訪問介護サービスのうち，主に家事の援助を受けている利用者について（社）日本介護福祉士会，日本ホームヘルパー協会，全国福祉公社等連絡協議会の会員である介護職から得た回答をもとに，サービスの提供に関する現状をみている。

この調査を引用する意味は，2005年の介護保険の改正は，その柱である予防重視型のシステムへ転換を図ろうとするものであり，①新予防給付の創設として軽度者を対象とする新たな予防給付が創設される。その対象者のマネジメントは市町村が責任主体となり，地域包括支援センター（仮称）において実施されることになる。その内容は，既存サービスを評価・検証し，有効なものをメニューに位置づけたり，運動機能の向上や栄養改善など効果の明らかなサービスについて市町村のモデル事業を踏まえて位置づけていくことになっている。さらに，②地域支援事業（仮称）の創設では，要支援，要介護になるおそれのある高齢者（高齢者人口の5％程度）を対象とした効果的な介護予防事業を介護保険制度に位置づけ，その実施主体に市町村がなるというものである。

　この改正の背景を考えていくためには，この5年あまりのサービス提供が真の高齢者の自立につながる支援であったのかといった検証が求められよう。主たる要因は，先にふれた保険システムの特徴でもある保険財政が想定を超えて肥大化する状況となったことによる。保険者である自治体のなかには，保険財政が赤字に転じたり，保険料の上昇を余儀なくする自治体が急増する可能性が警鐘された。そのような状況にあって訪問介護は，サービスを利用しているにもかかわらず要支援・要介護1レベルの対象者の要介護化が進行しているという実態が指摘された。このことは，訪問介護による支援が自立をうながすものではなく，介護サービスへの依存環境をつくりだし，心身機能の低下を招くものとなってしまっているのではないかといった批判につながった。

　一方では，65歳以上の世帯に占める単身や夫婦といった高齢者のみ世帯が2005年には半数を超え，これまでの高齢者が家族と同居する世帯構成が中心ではなくなってきているということである。こうした世帯構成の変化は今後より顕著となり，これからのサービス利用はそれを受け，質的にも使い

方という意味でもいっそうの変化が予測される。われわれはこの変化に焦点をあわせて支援の実情とあり方を見すえていくことが必要となってくる。このような背景を頭の片隅に入れて，以下の訪問介護に関する調査結果をみていきたい。

1） 訪問介護が担っている家事（図4-1）

家事援助サービスを利用している利用者の生活において，訪問介護員（以下，ホームヘルパーと総称する）が担っている支援の内容をみていきたい。

A．掃　　除

調査結果をみると，掃除は「すべてをホームヘルパーがする」が58.2％，「一部をホームヘルパーがする」が31.7％となっており，掃除の援助を受けている利用者の9割がホームヘルパーを利用している状況にあることがみてとれる。

B．買い物

同様に，買い物をみると「すべてをホームヘルパーがする」が21.1％，

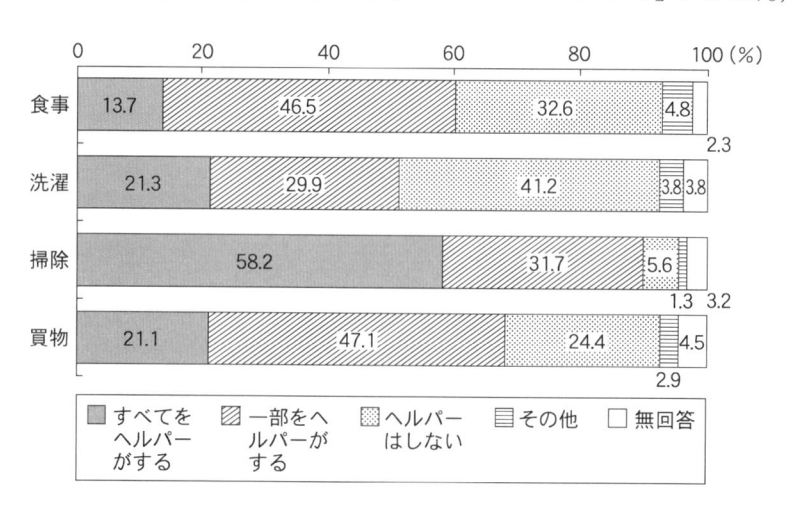

	すべてをヘルパーがする	一部をヘルパーがする	ヘルパーはしない	その他	無回答
食事	13.7	46.5	32.6	4.8	2.3
洗濯	21.3	29.9	41.2	3.8	3.8
掃除	58.2	31.7	5.6	1.3	3.2
買物	21.1	47.1	24.4	4.5	2.9

図4-1　家事をホームヘルパーが担う割合（N＝2075）

「一部をホームヘルパーがする」が47.1%となっており，合わせて7割をホームヘルパーが担っている。

C．調理（食事）

調理を「すべてをホームヘルパーがする」が13.7%，「一部をホームヘルパーがする」が46.5%となっており，調理の援助を受けている利用者は6割になっている。

D．洗　　濯

洗濯では「すべてをホームヘルパーがする」が21.3%，「一部をホームヘルパーがする」が29.9%と合わせて5割にとどまり，「ホームヘルパーはしない」が41.2%と高い状況であることが調査では示された。

2）ホームヘルパーが受け持てる調理

ホームヘルパーによってすべての調理が支えられている利用者は，13.7%と低い（図4-1参照）。利用者は，一体どのようなかたちで1日3回（なかには2回の人もいるであろうが），週21回の食事を確保し，ホームヘルパーによって，どれほど支援することができているのかということをみた。結果は，利用者がホームヘルパーに調理をしてもらっていると回答した人の平均回数をみると，週に平均2.6回という結果であった。これも「ホームヘルパー以外の援助者がいない」という利用者では，わずかであるが2.5回に減っている。これをみても，要支援・要介護の高齢者が調理をしてもらっているか否かという漠然とした支援の実態ではなく，支援が生活の継続にどのくらい具体性をもっているかということをみていく必要性が明らかであろう。反対にホームヘルパーの立場に立てば，限られた時間で行われる調理という支援がどのような役割を果たせているのかということを知ることにもなる。

さらに，何らかの調理をしてもらっている利用者をもつホームヘルパー

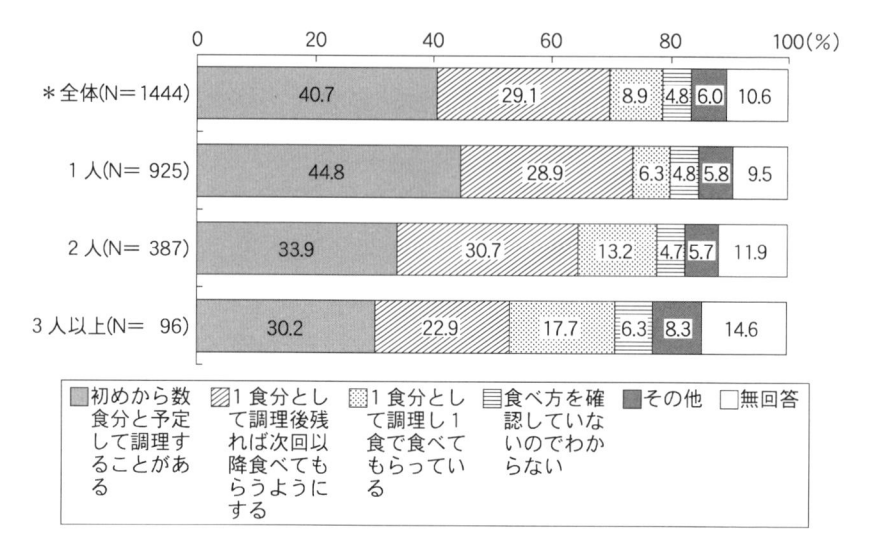

図 4-2 1回に調理する食数（家族人数別）

凡例: ■初めから数食分と予定して調理することがある／◨1食分として調理し残れば次回以降食べてもらうようにする／▦1食分として調理し1回で食べてもらっている／☰食べ方を確認していないのでわからない／■その他／□無回答

区分	初めから数食分	1食分残れば次回	1食分1回	確認していない	その他	無回答
＊全体(N=1444)	40.7	29.1	8.9	4.8	6.0	10.6
1人(N=925)	44.8	28.9	6.3	4.8	5.8	9.5
2人(N=387)	33.9	30.7	13.2	4.7	5.7	11.9
3人以上(N=96)	30.2	22.9	17.7	6.3	8.3	14.6

に，どのような調理の支援をしているのかをたずねてみた（図4-2）。結果は，「初めから数食分と予定して調理することがある」が40.7%，次いで「1食分として調理し，残れば次回以降食べてもらうようにする」29.1%，「1食分として調理し，1回で食べてもらっている」8.9%，「食べ方を確認していないのでわからない」4.8%等となっている。

この結果をみると，ホームヘルパーに食事の支援を必要とする対象者の，1週間の全食をまかなうことはできているわけではないという現実をみることができる。利用者にとっての食事の確保という課題は，貴重な介護サービスをいかに活用するかという視点から検討すべきであることがわかる。

3） ホームヘルパー以外の食事の調達方法

この調査では，2,075人の調査対象者のうち「すべてをホームヘルパーがする調理」は13.7%であった（図4-1参照）。ここではさらに残る1,742人

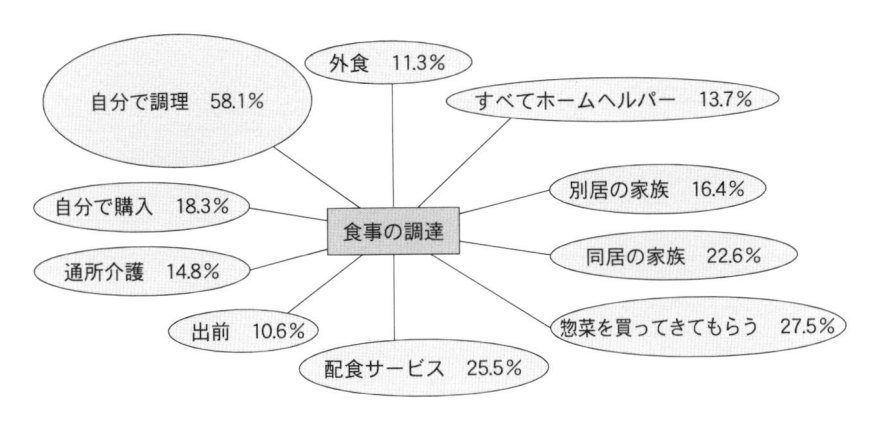

図4-3 ホームヘルパー利用者の食事の確保方法

- 自分で調理 58.1%
- 外食 11.3%
- すべてホームヘルパー 13.7%
- 自分で購入 18.3%
- 別居の家族 16.4%
- 通所介護 14.8%
- 同居の家族 22.6%
- 出前 10.6%
- 惣菜を買ってきてもらう 27.5%
- 配食サービス 25.5%

に対し食事の調達方法を聞いている（図4-3）。その回答は，複数回答ではあるが「自分で調理」が58.1%，「惣菜を買ってきてもらう」が27.5%，「同居の家族」が22.6%，「自分で購入」が18.3%，「別居の家族」が16.4%，「通所介護」が14.8%，「外食」が11.3%，「出前」が10.6%という多種多様な実態であった。この結果だけでは，1日，1週間をどのような調達方法でやりくりしているのかは定かではないが，明らかに外部化された調理が食の確保に重要な役割を担っていることが推測できた。

このような実態がありながら，ホームヘルプ業務の基本的考え方は，調理を家庭内で実施し，食を確保するという形態に重きが置かれている。その一方で，食の確保としての買い物の支援にも重要な役割がある。とくに都市部を中心に，家庭外から調達できる調理済み素材，惣菜，弁当等は一般化しており，すでに単身や夫婦のみの高齢者世帯も市場を利用する一員となっている。この市場化されたサービスを活用することによって有効に食事を調達できるのであれば，訪問介護の担うべき役割もまた違ってくることは明らかであろう。また，介護保険のサービスである通所介護等で，高齢者の利用に合わせて食事も提供され生活を支えている実態もみてとれる。このように，

ホームヘルパーによる調理自体の有効性を検討するには，市場サービスや通所介護等の介護保険内のサービスを含め，食の適切な確保として問い直していく必要があろう。

4） ホームヘルパーが受け持てる洗濯

　調理と同様に，洗濯の援助を洗う・干す・取り込む・たたむ・しまうというプロセスに整理してみた（表4-1）。調査結果をみるとホームヘルパーによる支援を受けている利用者では，「洗う」と「干す」の両方を支援しているのはおよそ7割であるが，「洗う」と「取り込む」がホームヘルパーによって行われているのは5割という実態であった。「洗う」と「しまう」の両方が行われている割合は1割にも満たない結果となっている。ホームヘルパーによる洗濯の支援が行われている割合そのものが低いなかで，その支援も一部が行われているにすぎないという実態が明らかになった結果である。

　この背景には，現状ではホームヘルパーが手洗いをしている例はきわめて少ないものの，2層式洗濯機を使って洗濯する例が多く，長時間でかつ他の作業を並行して行うことも少なくなく，完結した洗濯支援とはなっていない現状がある。そして，利用者が干したり，取り込むことができない場合には，ホームヘルパーが，雨がかからない場所に干したり，家財道具の間に部屋干しするといったことが行われる。そのために利用者は，洗濯物が干された湿度の高い，視界を遮る不快な環境のなかでの生活を余儀なくされるという例も少なくない。

　しかしながら，わが国の家電製品の進捗は新三種の神器（全自動洗濯乾燥機・DVDレコーダー・食器洗い乾燥機）に象徴されているが，そのひとつである全自動洗濯乾燥機も，もはや一般家庭では普及品になろうとしているのである。この家電を使えば汚れた洗濯物と洗剤を入れてスイッチを押しさえすれば，先の「洗う」「干す」までは誰の手も煩わすことはなくなる。福

表4-1　ヘルパーが利用者に提供している支援内容　　（単位%）

		全体	1人	2人	3人以上
洗濯	洗濯機をかける	72.9	71.8	76.1	72.0
	干す	79.5	79.6	80.7	74.2
	取り込む	54.6	55.2	56.8	44.1
	たたむ	53.5	53.8	56.5	40.9
	しまう	39.6	41.8	37.5	29.0
掃除	寝室	70.5	70.9	70.7	69.7
	居室	66.3	69.2	64.0	49.2
	台所	87.4	90.5	85.6	66.7
	トイレ	66.7	69.4	64.9	50.0
	浴室	50.6	50.5	52.9	39.4
	廊下	66.5	65.4	69.8	62.9
	玄関	61.6	66.0	56.8	40.2

祉先進国でもあり一年の半分が冬で日光の射さない北欧では，当たり前に全自動洗濯乾燥機が，個々の家庭はもとより要介護の高齢者や障害者の在宅環境に整備されている。ホームヘルパーは，洗濯の援助ではなく，全自動洗濯乾燥機を操作できない対象者の操作を援助することが仕事となっているのである。

　以上の調査結果をみてもわかるように，介護保険の見直し課題である要支援・要介護1レベルの利用者は，介護予防でいうところの廃用になるほど調理や洗濯，掃除といった支援を利用して生活していないことになる。

◆3　利用者の介護保険に対する認識と現状◆

　これまでの調査結果からもわかるように，要介護度の軽い対象者に対し，ホームヘルパーは生活のどの部分，あるいは何を担っているのか，その役割

がみえにくい現状があることが推測できる。そこで利用者自身が，介護保険で利用できる介護というものをどのように理解しているかについてみていきたい。

　厚生労働省が各都道府県等に対して行う課長会議資料などでは，介護保険施行以降にいくつかの自治体で実施された介護保険に対する満足度調査を引用することが多い。その内容をみると，おおむね介護保険に対し，満足・だいたい満足を合わせて9割前後の高い評価となっていることが示されている。一方で，都道府県の国保連合会に寄せられた苦情等の内容から訪問介護についてみると，訪問介護員の遅刻や生活援助で行われた調理の味付けのまずさなど，さまざまな事柄があがってきている。先に指摘した「介護サービスの利用しやすさや公平性」への肯定の一方で，画一的となりやすいサービスがどのような水準で妥当性が保たれるのか，個別性に合わせた工夫をどこまで求めることができるのかが問われている。まさしく，これからの新しい介護を考えていくうえで明らかにすべき点がここにあろう。そこで，利用者やその家族，そして直接介護にたずさわる従事者が，共通に認識すべき保険による介護の水準について考えてみることにしたい。

1） 利用者とホームヘルパーとの意識のギャップ

　先の「要介護認定を受けた在宅高齢者の介護環境に関する実態調査」では，家事の支援を受けている利用者の希望とホームヘルパーの実践上の思いに齟齬が生じている点に着目している。

　齟齬とは，利用者やその家族が望むサービスの水準と，訪問介護サービスを提供する訪問介護員の価値観との噛み合わせの悪さをみるというものである。調査結果は，利用者側の要望とそれを裏返しにしたヘルパー側の要望の組み合わせを選択肢として回答を求めたものである。利用者の回答をベースに，その利用者を担当するヘルパーの情報がわかっているサンプル数

2012件の結果を照合して検討している。

たとえば，調理について利用者側は「栄養や塩分，糖分など気にせず食事がとれたらうれしい」という要望に○を付けたものに対し，ホームヘルパー側で「栄養確保や減塩や糖分制限などについて，利用者本人と家族の理解や協力が欲しい」に○をつけているか否かで，2012件の回答について考察した。

その結果を以下の分類に従って回答状況をみている（図4-4）。図4-4の一番左側から，以下の(1)〜(4)の値となる。

(1) 利用者とホームヘルパーがそれぞれに要望をもっており，対立する状況にある割合。
(2) 利用者は要望をもっているが，ホームヘルパーはそれに対立する要望をもってはいない。
(3) ホームヘルパーは要望をもっているが，利用者はそれに対立する要望をもってはいない。
(4) 利用者・ホームヘルパーとも，互いに注文はない。

2） 利用者とヘルパーの認識のギャップ（図4-4）
A．調理について

利用者とホームヘルパーとの認識のギャップを食事にみると，互いに注文がない割合が7割以上を占めているのは「水道光熱」費のみであり，それ以外は双方どちらかの要望が顕著にあるという状況であった。そのなかで，いずれかあるいは双方の要求が拮抗する割合の高い「栄養管理と食事の楽しみ」と，それに次ぐ「献立と調理方法」に注目してみる必要があろう。栄養管理や食事制限に理解・協力を求めている割合はホームヘルパー全体の54.6％と半数を超えている。この結果は，ホームヘルパーがその養成課程や近年の低栄養改善といった課題について，研修等を通しホームヘルパーの意

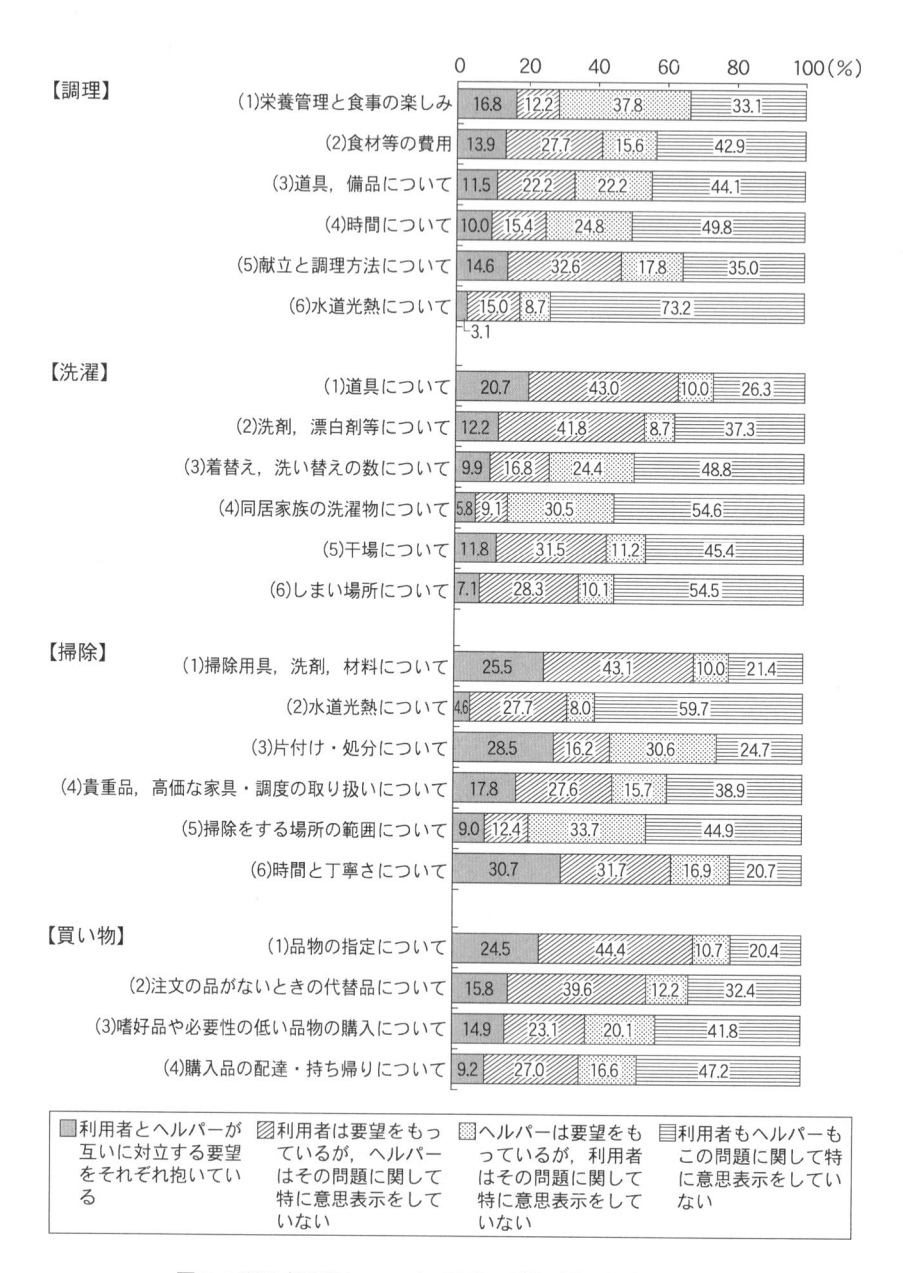

図4-4 利用者要望とヘルパー要望の対比（全体）（N=2012）

【調理】
- (1)栄養管理と食事の楽しみ: 16.8 / 12.2 / 37.8 / 33.1
- (2)食材等の費用: 13.9 / 27.7 / 15.6 / 42.9
- (3)道具，備品について: 11.5 / 22.2 / 22.2 / 44.1
- (4)時間について: 10.0 / 15.4 / 24.8 / 49.8
- (5)献立と調理方法について: 14.6 / 32.6 / 17.8 / 35.0
- (6)水道光熱について: 3.1 / 15.0 / 8.7 / 73.2

【洗濯】
- (1)道具について: 20.7 / 43.0 / 10.0 / 26.3
- (2)洗剤，漂白剤等について: 12.2 / 41.8 / 8.7 / 37.3
- (3)着替え，洗い替えの数について: 9.9 / 16.8 / 24.4 / 48.8
- (4)同居家族の洗濯物について: 5.8 / 9.1 / 30.5 / 54.6
- (5)干場について: 11.8 / 31.5 / 11.2 / 45.4
- (6)しまい場所について: 7.1 / 28.3 / 10.1 / 54.5

【掃除】
- (1)掃除用具，洗剤，材料について: 25.5 / 43.1 / 10.0 / 21.4
- (2)水道光熱について: 4.6 / 27.7 / 8.0 / 59.7
- (3)片付け・処分について: 28.5 / 16.2 / 30.6 / 24.7
- (4)貴重品，高価な家具・調度の取り扱いについて: 17.8 / 27.6 / 15.7 / 38.9
- (5)掃除をする場所の範囲について: 9.0 / 12.4 / 33.7 / 44.9
- (6)時間と丁寧さについて: 30.7 / 31.7 / 16.9 / 20.7

【買い物】
- (1)品物の指定について: 24.5 / 44.4 / 10.7 / 20.4
- (2)注文の品がないときの代替品について: 15.8 / 39.6 / 12.2 / 32.4
- (3)嗜好品や必要性の低い品物の購入について: 14.9 / 23.1 / 20.1 / 41.8
- (4)購入品の配達・持ち帰りについて: 9.2 / 27.0 / 16.6 / 47.2

凡例：
- ■ 利用者とヘルパーが互いに対立する要望をそれぞれ抱いている
- ▨ 利用者は要望をもっているが，ヘルパーはその問題に関して特に意思表示をしていない
- ▩ ヘルパーは要望をもっているが，利用者はその問題に関して特に意思表示をしていない
- ≡ 利用者もヘルパーもこの問題に関して特に意思表示をしていない

識に大きく反映していることがうかがえる。さらに，献立と調理方法においてもホームヘルパーは，ほとんどの人が満足する標準的な調理方法や献立が示されるとよいという回答が32.4％となっている。

この一方で，利用者では「献立と調理方法について」自分の好みにあった献立や調理方法を希望する割合が47.2％となっている。利用者全体では栄養や制限を気にせず食事をしたいというのも29.0％と高い。いってみれば，ホームヘルパーは誰にでも通じる一般的なサービス提供を求めているのに対し，利用者は個人ごとの要求への対応を求めていることがうかがえるのである。

B．洗濯について

同様に，洗濯において，互いに注文がないのは，「同居家族の洗濯物について」と「しまい場所について」が5割を超え他に比べ若干高くなっている。そのなかで，利用者の要望が顕著に高くなっているのが「道具について」で63.7％となっている。同様に「洗剤や漂白剤等について」も利用者の要望は54.0％となっており，利用者の個人で所有している物品の取り扱いに対する要望が高く出ていることがわかる。これに対し，互いに注文がない割合が高いとはいいながらも，ホームヘルパーの要望として，同居家族の洗濯物を洗わせないで欲しい36.3％，着替え・洗い替えの数を用意しておいて欲しい34.3％という回答状況であり，業務の役割や業務の効率性にかかわるものが高くなっている。

C．掃除について

掃除においては，互いに注文がないが「水道光熱について」で59.7％となっている以外は，すべて5割を切っている。なかでも，利用者の要望が顕著となっているのは，「掃除用具，洗剤，材料について」が68.6％，「時間と丁寧さについて」が62.4％となっている。ともにホームヘルパーの要望である掃除用具・洗剤・材料を用意して欲しい，あるいは時間が限られてい

るので丁寧さを求めないで欲しいといった対立する要望の割合が，前者は25.5％，後者は30.7％で顕著である。また，ホームヘルパーの要望の顕著な片付けや処分をして欲しい59.1％に対し，対立する利用者の要望の割合は28.5％と高い。このことからみても，利用者においては，自己の負担の範囲内，自己の方法での対応を求めている。ホームヘルパーも洗濯同様，業務としての環境整備の必要性を訴えている。

D．買い物について

買い物において，互いに注文がないのは「購入品の配達・持ち帰りについて」が47.2％で高いものの，いずれも対立する要望がある。とりわけ，利用者の要望では，「品物の指定について」が68.9％，「注文の品がないときの代替品について」が55.4％と高くなっており，商品選択に関する自分のこだわりへの配慮を求めているといえよう。

3） 介護保険サービスに求められるサービス水準

今後の介護保険で利用できる訪問介護においては，これまで介護予防対象者が利用できていた生活支援は保険外サービスとなっていくであろう。そして，身体介護を必要とする利用者に対しては，訪問介護で実施できている身体介護と生活支援といった区分は取り除かれ，身体介護における必然的な生活支援に限定されていくものとみることができる。少なくとも，先に示した調査結果のような生活援助はその姿を変えることとなるが，重要なことは，明確な位置づけのもとでその水準を明らかにしていくことである。

A．調　理

訪問介護における調理は先にふれたように，食材の購入以降の下ごしらえから煮炊きまでの調理そのものではなく，食事の調達と，それをどのように個々の要介護度に応じて摂食できるように食事内容を組み立てる（栄養や献立や食べやすさなど）かと，あくまでも摂食の援助につながる支援とすべき

であろう。そのためには、できるだけ個々の利用者の要望を満たせる食事を調達できることと、その適正な食事をホームヘルパーが適正に援助し快適に食事がとれることとは、別立ての業務として位置づける必要がある。

利用者の要望の高い"私に合った献立と調理方法"を求める相手は、たとえその技術があったとしてもホームヘルパーひとりが多様な利用者の要望に応えることは困難である。しかし、この困難の解消を市場サービス等に求めることは決して難しいことではない。重要となるのは、市場サービス等の多様な選択肢のなかから、好みに合った献立と調理方法を選択していくこと、調整していくことといっても過言ではない。すでに、配食による1日3食、365日を支える食の確保は現実的であり、一定量・一定の地域では実現しつつある。また、これを全国一律とする必要はなく、食事そのものは保険外の選択肢であることから、ホームヘルパーの負担軽減策のひとつとして充実を図っていくことでもよいはずである。多様な食事の確保策が利用者の生活の場ごとにどれほど可能であるかは、利用者本人はもとよりコーディネートする家族や介護支援専門員等が確実に情報を入手できることで、要望の矛先はホームヘルパーではないところにあることが明らかになってくる。そのなかで嗜好を踏まえ、要介護状態や栄養管理、摂食条件を満たす選択が実現できればよい。ただし、現在の介護支援専門員が計画する居宅サービス計画では、利用者一人ひとりのケアマネジメントとして食事の調達を示すことはできても、食事の内容と多様な調達方法まで細目を調整するには至っていない。2005年度の介護保険改正では、介護予防としての栄養等の管理は施設に限って行われるが、在宅においては今後の対応が待たれることとなった。施設における栄養等の管理は栄養士によるところとなるが、在宅においては介護支援専門員が中心となって、介護保険でどこまで選択肢の調整をするのかといった点や保険の妥当性を示すことも必要と考える。

とはいえ、要介護状態の高齢者においては、その日の体調等で予定した食

事が摂食できない場合もある。そのようなとき，これまでの生活歴のなかで受け入れられていた食事に照らし合わせて，ホームヘルパーが専門的知識を生かしながら，利用者が楽しく意欲的に食事をとることができるようにしていくことが求められる。そのためにもホームヘルパーは，自らの調理技術で要介護状態の調理に即応でき，評価されるようにならなければならないと考えるべきである。

B. 洗　　濯

　洗濯においては，家事労働の支援に家電製品を効果的に活用することは不可欠である。今後は，単に全自動洗濯乾燥機の導入だけではなく，情報家電と連動し遠隔操作等のコントロールができるようにするなど，必要時の洗濯を行っていくことができるようにすべきである。少なくとも，全自動洗濯乾燥機を導入しておくことで，洗濯物の出し入れ以外に人的資源を取り込む必要がなくなれば，それだけホームヘルパーを身体介護に振り替えることができる。そのための家電を個々の利用対象者に配置することで得られる経済効果は，保険者である自治体の判断に期待したいところである。

　要介護認定を受けた在宅高齢者の介護環境に関する実態調査では，調理，洗濯，掃除，買い物に関して，ホームヘルパーが「もっとこうなっていたらいいのに」と利用者宅でよく思うことと，利用者がホームヘルパーにしてもらうとすると「どのようにしてくれることがいい（そうなるとうれしい，助かる）」と思うかの選択肢を，図4-5のように対比するよう設定している。とくに，図4-5にみるように，今ある道具を大切にして欲しいという利用者の要望は，新たな道具の購入を利用者に求められることへの反発とみることができ，福祉用具の貸与（リース）と同様に介護保険適用とすることで導入を拒否するものではないと考えられる。

C. 掃　　除

　掃除は，利用者の生活の場で実行できてはじめて成果となる。このこと

利用者	ヘルパー
調　理	
栄養や塩分，糖分などを気にせず食事がとれたらうれしい	栄養確保や減塩・糖分制限などについて，利用者本人と家族の理解や協力がほしい
食材や調味料にあまりお金をかけないでもおいしいものをつくってくれたら助かる	食材，調味料等にもっとお金をかけられたらいい
古くても今ある調理器具や電化製品を大切に使ってくれたら助かる	よく切れる包丁や電子レンジなど，使いやすい調理器具や電化製品を整備してほしい
短時間で調理をしてくれると助かる	もっと時間をかけて調理できるとよい
利用者の自分だけの好みにあった献立や調理方法で調理してくれたらうれしい	利用者のほとんどが満足してくれる標準的な調理方法や献立が示されているといい
水やお湯やガスや電気を節約してくれたら助かる	水やお湯，ガス，電気などを十分に使わせてほしい
その他	その他
洗　濯	
今ある道具を大切に使って洗濯をしてくれると助かる	必要な用具（洗濯機，たらい，バケツ，干し具，ハンガーなど）を整備してそろえてほしい
洗剤や石けんは，基本的なものがあればよしとして洗濯をしてくれると助かる	必要な洗剤，石けん，漂白剤などは，汚れが落ちる性能のよいものをそろえてほしい
着替えが少なくてもうまく回して洗濯をしてくれるとうれしい	着替え・洗い替えを十分な枚数だけそろえてほしい
洗濯機を回すときに，家族の洗濯物もついでにまとめて洗ってくれるとうれしい	同居家族の洗濯物を一緒に洗濯させないでほしい
取り込みやすい場所や，取り込めなくても濡れない場所に干してくれると助かる	干し場を確保してほしい
洗い上がった洗濯物はあまりしまい込まず，目につきやすくとりやすいところに片付けてくれると助かる	しまい場所を確保してほしい
その他	水や湯や電気などを十分に使わせてほしい
	失禁の汚れ物は洗剤液につけておくなど，他の洗濯物と区別しておいてほしい
	その他
掃　除	
掃除用具や洗剤，材料がいろいろそろっていなくても，あるものを使って掃除をしてくれると助かる	必要な掃除用具，洗剤，材料を使いやすい状態でそろえてほしい
水やお湯や電気などを節約して掃除をしてくれると助かる	水やお湯や電気などを十分に使わせてほしい
家にあるものはすべて捨てたり移動したりしないでおいてくれるとうれしい	不要なものを処分するなど整理整頓をしやすくしてほしい
貴重品や家具・調度品の取り扱いを丁寧にしてくれるとうれしい	貴重品や大切なものやあまりにも高価な家具・調度品はしまっておいてほしい
同居家族がいても，生活のなかで関わりのある場所はある程度掃除をしてくれるとうれしい	利用者が使用していない場所や，同居家族が汚した場所の掃除をさせないでほしい
限られた時間内でも丁寧に掃除をしてくれるとうれしい	時間が限られているので過度な丁寧さを要求しないでほしい
その他	その他
買い物	
言ったとおりのお店で言ったとおりの品物を買ってきてくれるとうれしい	銘柄，品質，価格帯，購入店舗の指定はホームヘルパーがたん時間で効率的に買い物できるようにある程度任せてほしい
頼んだとおりの品物がないときの対応を細かく相談してくれるとうれしい	注文した品物がないとき，代替品の選択はホームヘルパーに任せてほしい
嗜好品や無駄と思われるものでも，利用者の楽しみと理解して気軽に買ってきてくれるとうれしい	生活全体を見渡して必要な物品を計画的に購入するよう，助言を聞いてほしい
後で配達してもらうのでなく，頼んだ品物をすべてホームヘルパーが買って持ち帰ってくれると助かる	宅配，配達など，効率的な買い物の方法を取り入れてほしい
その他	その他

図4-5　調査設問における利用者とホームヘルパーとの要望の対比

は，個々の住環境や生活様式・条件によってホームヘルパーの負担や清潔の確保水準が異なるため，一般的で適切なラインを引くことは困難であろう。

掃除に対する利用者の要望は，洗濯同様に「用具，洗剤，材料はあるものを使って欲しい」のに対し，ホームヘルパーは「必要な用具等はそろえて欲しい」となっており，対立する意向も高い。とはいえ，重要となるのは生活の場でしか対応できない掃除をできる限り少ない支援回数や方法で適正な介護環境となるように，安全と清潔の確保を図るとともに，ホームヘルパーの支援の場，すなわち，労働環境の整備として検討されてこなかったことに問題がある。すでに，介護老人福祉施設は，全室個室化・ユニットケアが整備の基本となっている。その個室は13.2㎡の，ベッドおよびタンス等の身の周りのものと洗面・収納スペースが確保できるものとして位置づけられている。この8畳の空間に介護用ベッドをどのように配置しても車いすでアプローチができかつ，介護が実施できる空間として提案されているのである。この施設の整備環境が在宅では示されることなく，訪問介護はあるがままのなかでサービスを提供することになっている。今後の訪問介護の中心が身体介護であることを考えれば，少なくともベッド周りに介護者が負担なくアプローチできる，車いすを導入できるといった環境を利用者に納得を得るかたちで整理していく必要がある。このことは，利用者の安全確保としても介護保険を利用する側の基本的理解として普及を図るべきである。ただしその広さにおいては，4.5畳や6畳等多様な居住環境で介護サービスを受ける者もいる。介護保険利用の共通理解として重要なのは，足の踏み場もないほどの物品を片付け，整理したなかで清潔な介護環境を確保することである。そのうえで利用者が求めている丁寧な掃除とどのような相違となるのか，方法・用具・手順を具体化し，保険による掃除を明らかにしていくことが必要である。すでに，2005年の見直しでは，その提供回数においても目安が出されるようである。

その提供回数も，認知症の症状等によってゴミを集めてきたなど余程の問題がない限り，週2回程度を上限にした掃除（ゴミ捨て・整理整頓・清潔〈掃除機かけや拭き掃除〉）で一定の状態は確保できるのではないだろうか。そのときの道具もサービスする側が用意し，持ち込むことが今後の合意形成として必要であろう。そして，利用者が自立した生活をするためには，物品を目に見え使えるところに置くなど利用者の生活に合った片付け方こそホームヘルプの職能として求められるところである。

D．買い物

買い物は，その用途に必要となる物品調達が入手できれば目的が達成できるものと，利用者の代替として利用者の言ったとおりの店で，言ったとおりの品物を買って来てはじめて目的が達成できるものとに分けることができると考える。とくに後者は，利用者の経済で購入するからには当然のこととして認識されるのではないだろうか。さらに，買い物には，上述の食の確保が大きくかかわっている現状を踏まえると，食の調達が独立したサービスとなった際には日常生活用品の調達と，生活の意欲につながる調達に分けるべきである。介護保険でできる買い物においては，生活の継続に不可欠なものの調達に限り，それ以外の物品調達は，市場サービス等の活用や保険外サービスとして利用できるようにすべきと考える。

◆4　家族が受け持つ介護と，介護の限界となる要因◆

1）家族介護の限界要素

介護保険の利用実態をみると，要介護度が重くなるにしたがって高齢者が単独で暮らす世帯はきわめて限られているのが現状である。見方を変えれば，介護保険だけでは重介護化したとき単独で暮らすことは不可能な状況にあるといってもよいであろう。

そこで，一緒に暮らす家族がどれほど介護を行い，またその介護が要介護高齢者の在宅介護継続にどのように影響しているかということをみていく必要があろう。家族介護の継続要因について筒井（2004）[2]は，在宅で行われる家族による介護を量で測ったり，"これが標準"という介護を質量で示すことは困難としている。つまり，高齢者からみて，自分の状態であれば家族が行ってくれる介護はこれくらいしてくれれば十分とか，もっとしてくれとか目安になる。家族にとっても，これくらい介護すればよいとか，頑張っているとかというものにもなるだろう。しかし，こういった指標は描けないということである。このことは，介護保険でどのくらいサービスを受けることで家族がどのくらい楽になるのかということにも大きく影響する。さらに，介護を必要とする状態になった高齢者自身が，在宅で暮らしたいということを言いたいときに，家族と介護保険とそれ以外をどのように工面していけばよいかはわからないということになる。

　一般的に要介護度が重くなることや日常生活動作（ADL）能力が低下すれば，それだけ介護を必要とする状況は増すことになる。そこに認知症症状があればなお介護の手がかかり，大変さが加わるだろう。このような負担が増えることで家族は介護を断念するのではないかと考えられるのであるが，高齢者の要介護度や日常生活動作能力や認知症の有無には関係ないというのである。家族介護者の介護の負担感を構成する要素は，「社会的活動の制限感」「経済的逼迫感」「高齢者への拒否感情」の3つが大きく影響するというのである。

　すなわち，これら3つの要因から察すると，良好な関係にあったとしても介護者に多くを期待することもできないし，それぞれの人生の可能性を介護で閉ざすことがないようにすることが，一緒に暮らしていく際のルールになるということだろう。そして，その分必要な介護を社会から選択することが必要十分条件になるということでもある。

2） 3つの負担感は介護職に共通するのか？

　家族介護の可能性と同様に重要となるのが，これからの介護を支える従事者の可能性を考えるということである。前述した家族介護の限界要因の3つの指摘は，ホームヘルパーにも当てはめてみる必要があるのではないだろうか。ホームヘルパーをはじめとする介護職には，介護そのものを職業として選択していながらも，離職や利用者との齟齬が課題となっているが，その背景につながる要因となるのではないかと考えられるからである。

　ひとつめの「社会的活動の制限感」をホームヘルパーに想定してみれば，ホームヘルパー自身の就業観や生活者としての意識が大きくかかわってくるのではないだろうか。

　家族介護者であれば，いつこの介護が終わるかわからない，かといってその終わりを願うわけにもいかない閉塞感がストレスを大きくするものと考えられる。なぜならこのことは，家族介護者の自己実現の見通しが立たないことになるからである。仕事を続けることをはじめ，お稽古ごとやサークル活動など，将来につながる自己実現を断念したり，つきあいや買い物なども狭められ，時間的・地理的制約の環境下に置かれることにもなる。介護者は自らの世間とのかかわりを望まぬかたちで閉ざし，毎日が我慢の限界のなかにいると認識している者もあるだろう。

　ホームヘルパーにとっては，同じ働くのであれば世の中の役に立つ仕事をしたいと思ってこの仕事に就いた者も多いだろう。さらに，家事や人とのかかわりが好きで，子育てや介護の経験が活かせるのではないかといった思いもあるだろう。このような動機づけと合わせて介護の専門的な知識や技術を身につければ，その実践こそが自己実現につながると考えるのは自然ともいえる。このような背景をもつホームヘルパーの大多数は，現在30〜50歳代の女性が中心である。「現状の訪問介護サービス従事者の雇用形態」をみる

と（出典：「事業所における介護労働実態調査」〈平成16年3月〉財団法人介護労働安定センター），正社員は28.7％に留まり，非正社員29.7％，登録ヘルパーと呼ばれるホームヘルプサービス独自の働き方が40.1％という現状がある。これをみても，いわゆるM型就労といわれる結婚や出産で離職し，再度就労する機会としてホームヘルパーになった者も少なくないということである。よって就労の仕方も，家庭や子育てなど自己の生活を大切にしながらやりがいのある仕事をしたいという思いが基盤になっているとみるべきである。そのような思いをもって実践にあたれば，心を込めて利用者の期待に応えたい，あるいは専門的な知識や技術を活かしてという思いにつながるはずだ。

　ところが，介護保険の枠組みに沿ったサービスで，かつサービス提供責任者が組み立てたサービスの手順に従い提供するといったシステムでは，そのような思いは棚上げにせざるを得なくなる。さらに，正社員でもないのに自己の生活に負担が出る働き方は馴染みにくい。一方で，介護保険事業所は，正社員であっても非正社員や登録といったパート労働であっても，経営の面から稼働時間を採算性に照らし合わせて求めるし，顧客の要望に対応すべく時間管理も厳しくなる。それが，理論上は高齢者の生活を支えていることにはなる。しかし，ホームヘルパーの訪問介護の現場では，日に日に高齢者の心身機能が低下したり，様態が悪化するといったことを目の当たりにもする。あるいは，自分を頼りにしていると思っていた高齢者やその家族から，ホームヘルパーが言った通りのことをしてくれないなどの注文やクレームがときには出てくるのである。ホームヘルパー自身が描いていた意義ある仕事も，休みたい時間や休日を費やして期待に応える状況は，利用者やその家族からの評価や収入となって返ってきてバランスするもので，それに反する現実があるとすればまさしくホームヘルパーにとって「社会的活動の制限感」につながってくるのではないだろうか。

2つめの「経済的逼迫感」も同様である。家族介護者が社会的活動を行うために，必要かつ自由になる経済が脅かされる状況を指している。それも介護にあたっている期間中だけでなく，自己の将来に及ぼす影響も大きく，思い通りにならない焦りは大きい。とりわけ，現状の高齢者の子世代は団塊の世代の前後にあり，自己の高齢期の自立，とくに経済の自立が自己責任となって問われてくる。そのような利用者の家族に接するホームヘルパーの多くは，先にもふれたように子育てが一段落した30歳代半ば以降から仕事に就く者が少なくない。わが国では，女性の正規雇用の中途採用枠が35歳以上では限られてくるといった実態があることから，年齢枠を広く取った介護保険によるホームヘルパー等の大量採用は，就労希望の需給に合致した。そして，ホームヘルパーの仕事の社会的な評価も介護保険によってより拡大し，一般化した。しかし，ホームヘルパーとしての経済活動は雇用形態にもよるが，原則は稼働時間と介護内容による対価構造でまかなわれており，1日あたりの一定の活動量（件数と介護負担の高い介護）なくして対価に結びつかない現実が大きく影響してくる。このことは，より良い介護も重要であるが一定の収入を得るための稼働量が求められ，年齢による就労の制約がない一方で，加算等の配慮もされにくい。ホームヘルパーが支援する家庭の家族の収入を支えるために，低い賃金で働いているという思いにさえつながりかねないのではないだろうか。

　3つめの「高齢者への拒否感情」は，介護者が介護する高齢者との関係性を指摘しているものである。家族介護者においては，介護を必要とする状態以前からの経済的関係や情緒的関係が大きく影響してくるというものであろう。昔のような第二次世界大戦以前の"家"制度的な慣習はなく，前向きに家族介護を選択していたとしても，人間関係が固定化している核家族の家庭に新たな舅・姑とのかかわりをもち込むことは，完成されたジグソーパズルに絵柄の違ったピースを入れて絵を描くようなものではないだろうか。1日

1日の時間の過ごし方，衣食住の価値観，まさしく箸の上げ下ろしといった生活に根ざした関係性が介護に大きく影響してくると考える。

ホームヘルパーに対する利用者評価も，業務における本来的な知識や技術の評価ではなく，接遇などのコミュニケーションに価値がおかれ，気立てや人柄の"良い人"といった家族や嫁的なかかわり，さらにはお手伝いさん的な評価をされかねないことも同様といえよう。このことは，ホームヘルパーが専門職として社会的な意義のある役割を担い，一定の経済を得るために仕事として自ら選択している関係性とは，明らかに乖離することになる。

3） 訪問介護が担うべき役割

以上のように，同居世帯の在宅介護の継続は，家族介護者の「社会的活動の制限感」「経済的逼迫感」「高齢者への拒否感情」に左右されるという。そして，これが強ければ要介護高齢者は，施設や病院などへの入所となっていくことになるのであろう。多くの要介護状態にある高齢者の要望は，在宅居住の継続にあるのは事実である。しかし，介護保険だけでは生活が成り立たない現状では，家族の支援が不可欠であり，家族介護者の選択にあらがえない状況が現実としてある。訪問介護においても同様で，多くはその家族の意向に沿わせてサービス提供が行われている現状がある。このことが要介護高齢者の自立を主体的に担っているエビデンス（根拠）につながらない要因でもあり，介護者の介護継続のための負担要因の改善につなげる効果的な支援になりにくくしていると考える。そして，実際に訪問介護を担うホームヘルパー自身が自らの役割を確認できず，自信を失いかねない深刻さがそこにあることを理解する必要がある。

しかし，団塊の世代を対象とする介護においては，現状のような家族が主体的に医療や介護を示唆できるであろうか。そして，団塊の世代自体が家族による選択を望まないとも考えられる。このことを前提としたときに重要と

なるのは，団塊の世代自体が介護保険に期待できる介護を，今から理解し選択できるようにしていくことが必要である。今日の消費動向がそうであるように，団塊の世代は自らが調達できる経済力や住環境に合わせて調達の道を市場サービスに築いてきた。これからも介護保険を利用する権利は行使し改善を求めるであろうが，一方で，介護保険が必要となる介護のどの部分を担い，その量や質を受け持とうとしているのかを自ら示していくべきである。

その際，保険でまかなう介護は，個々の求める介護の一部であり，個々が求める介護はあくまでも個々の求める生活の一部でしかないということを具体的に示す必要がある。介護全体は未曾有の需要をもつが，そのなかで介護保険による訪問介護は，人的対応によってのみ実現できる要介護高齢者の身体介護に限るといった明確な位置づけをもつべきである。身体介護を必要とする状況下に発生する家事は，先にもふれたように，掃除を除くとほとんどの家事が代替サービスに置き換えることができるはずである。このことは，人口減少によって拡大する女性に期待される多様な労働需要のなかで，訪問介護を職業として明確かつ意欲をもって従事できるためにも必要不可欠と考える。そのためには，根幹的な仕組みの見直しを行い，団塊の世代の利用に焦点をあわせていくことが必要である。

◆5　社会が担えるサービスの質と求める質◆

1）サービスの枠組み

家族による介護が介護の指標とはなり得ない状況をふまえると，社会が担えるサービスが介護の枠組みを形づくっていくことになる。とくに上述したように介護保険によるサービスは，利用者が必要とするすべてを満たせるものではないし，そうすべきではない。大事なのは，個々が介護保険に加えて市場サービスや住民参加活動等の支援を組み合わせて必要量を満たしていけ

るようにすることである。そのためには，介護保険サービスにかかる費用対効果を前提にサービスの質を標準化することである。これによって，市場サービスを含むすべてのサービスの枠組みがみえる近道になると考える。

　現在の介護保険はすでに6兆円産業ともいわれ，団塊の世代を対象とする事業規模は20兆円ともいわれている。しかし，これらの試算は市場サービスの規模ではあっても，そこに既存の産業構造と同様の競争原理で評価されるサービスの質を俎上に載せるまでに至っていない。反対に，急速に進む需要拡大が供給を上回ることで，サービスの質を確立しないまま売り手市場になりかねない状況とみてとれる。とくに，訪問介護サービスは，従来の措置時代の福祉を担っていた社会福祉法人によるサービス系列だけでなく，家政婦紹介所の転身による系列や訪問看護などを手がけていた医療系列，新たに参入を果たした株式会社等の民間系列と多様である。これらの多様さが一定の質を上回ったなかで差別化されるのであればよいが，現状では援助内容ごとにどれくらい，どのような方法で行うかという社会一般に通用するような姿すら明瞭にされているわけではない。批判を恐れずに言えば，介護保険サービスにおいては，一定程度のサービスの枠組みを質として明確にすることが一般化には必要と思われる。そして，この一般化された保険サービスによってまかなうことのできる利用者とその生活が明確になることで，他のサービスをどのように調達できるかという選択肢をもつことができると考える。すなわち，介護保険が必要とする介護のどの部分を支えることになるのか，利用者も直接サービスを提供する従事者も見通しを立てられることになる。実際の利用者の生活は個別性が高く，必要とする介護やあるべき介護をはじめ，実際に選択したいサービスの全体像が見渡せて，はじめて確認や納得につながるのではないだろうか。

2） 介護サービスの品質

　介護サービスの品質については，最近介護老人福祉施設や介護老人保健施設で，ISO（国際標準化機構）9001と呼ばれる品質マネジメントシステムの認証を取得するところが出はじめている。この品質マネジメントシステムを採用する背景には，介護の現場で起きている事故や苦情について国民生活センターや消費生活センター，国保連合会などに寄せられる数が急増しており，その対応がリスクマネジメントとして求められるようになったことが大きい。介護保険は，利用者と事業者の直接契約であるが，サービスの性格上いろいろな事業者のサービスを使ってみてから利用を決めるといったことが馴染みにくい。さらに，提供されたサービスが妥当か否かを確認する方法もなく，利用者も市場に求めるサービス利用と同様のことが介護保険サービスではできないことがあるということを，苦情を言ってはじめて知るといったこともある。

　ISO 9001において重要となるのは，経営者すなわち介護保険事業者がどれだけ顧客を重視し，責任ある関わりができるよう，どのような方針でサービスを提供していこうとしているのかを示したり，顧客に対するコミュニケーションの方法を示すことにある。そのために，サービスの品質管理責任者を配置し，文書による管理を定着させ，事業者の方針に基づいたサービスを実際の業務にどのように実践するのかを示すというものである。このPDCA（Plan Do Check Act）サイクルといわれる計画をもちそれに基づいた実践，計画に照らし合わせた評価を行い，再度見直しながら改善していくという一連の行動がISO 9001の代表的な取り組みである。

　これまで介護の現場で起きている，いわゆるヒヤリ・ハットといった事故等の発生については取り上げられてきたが，それらが起きないようにしていくためには何をすべきかということにより，明確な方針と対策が求められる

ようになったのである。この取り組みが注目される背景には，なぜそのようなヒヤリ・ハットが生じてしまうのか，といった現場の検証が事業者としてできることこそ大切ではないかということである。さらに，評価すべきはヒヤリ・ハットにつながる業務のプロセスの問題点や改善が求められる事柄を業務の一連の体系のなかで整理し，直面する当事者だけでなく従事する職員のすべてが実際に遂行できるように具体化することにある。業務のマニュアル化などは，そのひとつである。介護の仕事はマニュアル化できるものではないとも聞くが，実践できるマニュアルをつくることではじめて効果を期待できるわけで，実践につながらない不適切なマニュアルがあるとするなら，その見直しを図るなかで事業所全体の質的管理に反映していくといった姿勢が重要となる。すなわち，ISO 9001 の取り組みは，製品やサービスの品質自体が高いことを示しているのではなく，顧客の満足度をより高くできるように努力する具体的方策として活用するものである。これらの取り組みは，当然職員に求められる「力量」の明確化につながり，職員のできること・できないことが顧客の目線で確認できるようになる。もちろんこれらの導入をしなくても，顧客の満足を質的に獲得していくという姿勢が必要であることは当然であろう。すでに，ISO 9001 を活用している運送会社のサービスなどは，利用者の立場に立った荷受けや配送を全国共通で利用できるようにすることと，効率の良い荷受けと配送が同時に成果に結びつくことを証明している。フランチャイズ展開されている居酒屋であれば，提供される飲食物品の品質管理だけでなく，厨房や接客店員の対応の質が問われてくる。店員をアルバイト等の短時間労働力や未経験者で対応していても，社会一般に通用する品質が一定水準で確保できることで収益は格段の違いとなって現われてくるというものである。このような考え方は，ISO 9001 取得事業者に限ることなく，個々の家庭を市場としたハウスクリーニング等の家事援助サービスなどにおいても，専門的な技術と道具を駆使することで名を揚げたサービ

スも出てきている。

　こうした産業のいくつかは，競争に勝利するために利用しやすさや価格の安さなど，質の向上を怠ることなく取り組んでいる。また，これらの事業には，その実務に従事する職員の職能向上のために，育成環境としての業務が分析され，就業中もいわゆるOJT（オン・ザ・ジョブ・トレーニング）を行うなかで的確に実務スペシャリストを育て上げている例が多い。筆者が最も関心があるのも，介護の実務スペシャリストが当たり前に利用者へふさわしい的確な対応を提供できることにある。そのためには，その提供されたサービスが効果的な介護であることやスペシャリストによるサービスであることを具体的に理解でき，一般社会の産業と同様に選びたいサービスとして示せることが求められている。

3） 2005年の介護保険制度の見直し

　2005年の介護保険制度の見直しは，介護予防に着目した要支援・要介護高齢者の心身機能改善を評価目標にすえている。介護保険サービスが漠然と提供されることなく，客観的かつ数量化できる指標を目指して提供されることで，重度化の改善やサービスからの離脱ができると考えられているものである。現状で介護保険対象となっている要支援・要介護対象者のなかから新予防給付による介護予防サービス利用対象者が抽出され（図4-6），介護予防プラン（仮称）が作成されることで，軽度の要介護者や要支援者の自立をうながそうとするものである。

　その視点は，生活行為に対する評価とそれに対する考えとして，①現状で行われている生活行為と，何らかの支援によりさらに可能となる生活行為の乖離に着目するというものであり，②その乖離に対して，本人がどう望んでいるのか，家族はどう望んでいるのか，主治医はどう考えているのか，介護支援専門員はどう考えているのか，サービス事業者はどう考えているのかと

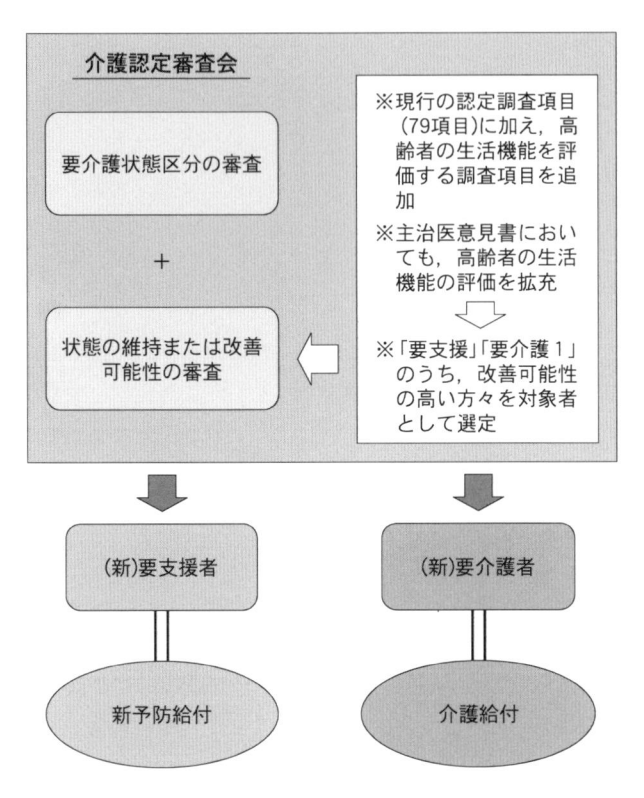

```
┌─────────────────────────────────────────────────┐
│  介護認定審査会                                  │
│                                                  │
│  ┌──────────────┐    ※現行の認定調査項目       │
│  │要介護状態区分│      (79項目)に加え，高       │
│  │  の審査      │      齢者の生活機能を評       │
│  └──────────────┘      価する調査項目を追       │
│         ＋              加                       │
│                        ※主治医意見書におい     │
│  ┌──────────────┐      ても，高齢者の生活     │
│  │状態の維持また│ ⇐    機能の評価を拡充         │
│  │は改善可能性  │      ⇩                       │
│  │  の審査      │    ※「要支援」「要介護1」   │
│  └──────────────┘      のうち，改善可能性       │
│                        の高い方々を対象者       │
│                        として選定               │
└─────────────────────────────────────────────────┘
```

図4-6　介護認定審査会における新予防給付対象者選定のイメージ
出典：全国厚生労働関係部局長会議資料（平成17年1月20日）老健局

いった意見や意向を踏まえ，③サービス提供する目的（将来の改善の予測），④提供するサービスの要素（メニュー），⑤代替するサービスを利用せざるを得ない場合のサービスメニュー，⑥，⑤の代替するサービスを利用する理由および今後の方針（将来改善の予測）といったケアプランを作成するための分析を想定している。これらをふまえ居宅サービス計画が作成されることになり，援助目標は，利用者が意欲をもって積極的にサービスを受けながら努力して到達する目標としている。こうした理念に基づき，訪問介護においては，「予防訪問介護（仮称）」として「介護予防への寄与の機序等に着目し

て，それを構成するサービス要素として抽出されるものの組合せを対象」とするとしている。

さらに，このたびの改正では，地域支援事業（仮称）と呼ばれる介護予防サービスを実施することになった。高齢者全体のなかから，介護保険の要介護認定では非該当（自立）となったものの，生活機能の低下のリスクが認められる対象者を特定高齢者と呼び，介護予防プログラムの対象として通所型介護予防事業や訪問型介護予防事業に取り組むことをうながし，要介護化を予防しようとするものである。

これらの取り組みは，訪問介護本来のマネジメントが実施されていれば，現状で行われている生活行為と何らかの支援によりさらに可能となる生活行為の乖離が解消され，本人は気づかずにいたり，意欲がもてずにいたり，先の家族の思いがあったりしても，主治医をはじめとする見極めるために必要な専門職が知識と技術をもち寄ることで，サービス提供の目的（将来の改善の予測）を共有するところまではできるはずである。最も重要となるのは，それらを実現するための提供するサービスの要素（メニュー）をより明確にするとともに，それを実行する訪問介護の質とそれを担う事業者間の質を社会化していくことではないかと考える。

まさしく先の介護サービスの品質管理が実行できれば，介護予防は必要とされる適正な支援として実現できるものであり，特別なものとはなり得ない。むしろ介護予防の配慮されない介護サービスがあるとすれば，その品質管理そのものが問われるのではないだろうか。

4） 介護予防の需要の見通し

前述のように，介護予防は，介護予防マネジメントの下で明確な目標設定を一定期間で達成することを目指す「目標指向型」サービス提供でなければならないとしている。このことは，目標設定とその具体化，そして事業評価

のしやすさから通所介護等の評価から着手され，訪問介護においては今後の検討となっている。ただし，社会保障審議会介護保険部会報告書（2004＜平成16年＞7月30日）によれば，「現行の訪問介護については，個別ケアの推進，生活機能の向上等の観点から，『身体介護型』『生活援助型』という区分を行為別・機能別に再編し，基準・報酬の設定について機能に応じた見直しを検討する必要がある。また，利用者が自ら実施できるにもかかわらず，掃除，調理等を利用者に代わって実施する『家事代行』型については，自立支援の観点から，給付の対象，期間，方法について見直しを検討する必要がある。なお，生活援助の見直しに関しては慎重であるべきとの意見があった」としている。このことを受け，報酬体系の見直し案が図られている。

(1) 現行体系を維持しつつ長時間利用の適正化を図る
- 身体介護と生活援助を区分
- 身体介護，生活援助とも現行どおり「時間単位の評価」。ただし，生活援助については長時間利用を適正化

(2) 生活援助について月単位の定額とする案
- 身体介護と生活援助を区分
- 身体介護は現行どおり「時間単位の評価」
- 生活援助は「月単位の定額化」

(3) 身体介護，生活援助を一本化する案
- 身体介護と生活援助を一本化
- 身体介護と生活援助とも現行どおり「時間単位の評価」または「月単位の定額化」

上記の3案からサービス利用実態やホームヘルパーの雇用実態，地域差などをふまえて検討すべきとしている。

また，栄養ケア・マネジメントの具体化として，ホームヘルパーが『調理』の代わりに行う，『短時間の配食・食事準備サービス』を業務形態のひとつとして位置づけていくことも考えられるといった意見も出されている。

　実際の新予防給付対象については，2005（平成17）年6～8月に実施された要介護認定モデル事業の結果，介護予防の枠組みの変更を余儀なくしている。現行の要介護1に認定された者のなかから，状態の安定している者を選び新予防給付対象者として選定し，図4-6で示している新予防給付相当となる者の割合をみたものである。一次判定で要支援2と判定された者の割合は59.9％であり，要介護1と判定された者が39.9％であったという。国が当初予測していた要支援2の割合が70～80％より少なく，新予防給付対象は国の見込みより少なくなることが見込まれている。このことは，訪問介護の支援対象の総数とともに，訪問介護の支援内容にも大きく影響してくる。

　当面は，保険料内で実行できる家事の支援を捻出することが課題であろう。だが，団塊の世代の利用においては，独立した家事の支援は自費によってまかなわれるべきもの，身体介護に付帯したものについては定額化のなかで行われていくと考える。とはいえ，想定を超えて身体介護を必要とする高齢者が拡大していくことは否めないであろう。

◆6　介護保険利用の実態にみる新しい利用対象者の拡大◆

1）　訪問介護の現状

　これまでみてきたように個別の援助の状況を踏まえ，その全体の推移をみる必要がある。訪問介護の現状を2005（平成17）年4月現在の介護給付費実態調査よりみると，訪問介護の利用者数は115万人で，要支援が22.8万人，要介護1が47.9万人，要介護2が17.0万人，要介護3が11.5万人，要介護4が8.8万人，要介護5が7.4万人となっており，全体の6割以上を

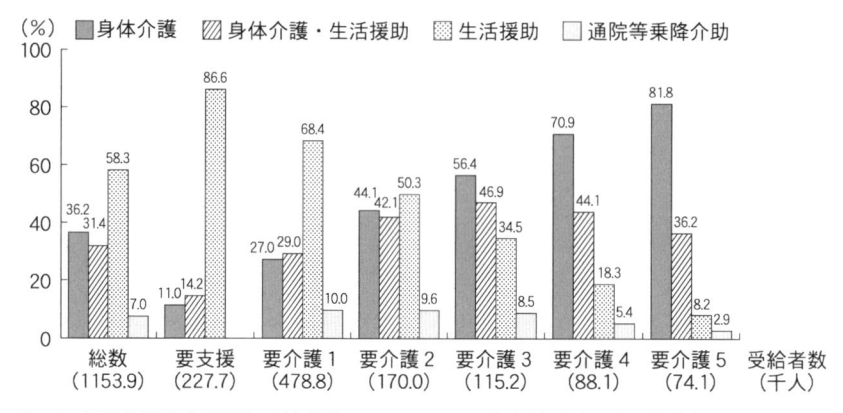

図4-7 要介護状態区分別にみた訪問介護内容類型別受給者数の割合
（平成17年4月審査分）

注1）訪問介護内容類型別受給者数は，それぞれの内容類型別の実受給者数である。
2）「身体介護・生活援助」とは，身体介護に引き続き生活援助を行った場合をいう。
3）「通院等乗降介助」は「要介護者」に限られる。

要支援と要介護1が占めている（図4-7）。

また，2005（平成17）年6月の介護給付費実態調査によれば，訪問介護にかかる費用は全体で606億円となっており，要支援・要介護1で238億円，全体の4割となっている。その内訳となる訪問介護で実施できる『身体介護中心型』と『生活援助中心型』の利用も，要支援においては約94%，要介護1では約77%が『生活援助中心型』を占めている。

このことをみても軽度の要介護状態においては，生活援助中心型利用にいかに対処するかが介護保険財政の抑制に大きく寄与することが理解できる。少なくともこれまでの調査結果にみられるように，食事サービスや家電整備といった介護保険によらなくても対応できるものが少なくない。これからは，これらの軽度の要支援状態にある高齢者のうち，日々の生活がまわるための訪問介護が必要な者とそれ以外を分けて考えるべきである。すなわち，週に1回程度の掃除や買い物をしながら家電が使えているか，食事が摂れて

いるか，日常生活用品に不足している物はないかといった確認と支援があれば，生活の不安がずいぶんと解消できる対象者である。これを介護保険の訪問介護で対応するのか，介護保険外の福祉事業に位置づけるのか，自己調達のサービスとするのかは検討すべきである。

2）将来の需要

　新しい介護の実態を形づくるために，介護保険の利用の全体を視野に入れ団塊の世代を見通したサービスの全景を想定してみる必要がある。まず，介護保険の利用対象者をみてみよう。介護保険認定者数を2000年10月時点と2003年5月時点とを比較してみると，65歳以上の第1号被保険者数は，242万人から345万人，40歳以上64歳未満の第2号被保険者とあわせると252万人から359万人となって，わずか3年の間に対象が1.42倍に顕在化したことがわかる。

　これは，高齢化率の進捗が年間0.3〜0.4％ずつ増加する状況にあるとはいえ，2000年までに把握していなかった介護を必要とする状態にあった人びとが，自分も（家族からみても）該当するのではないかと名乗りを上げたということがうかがえる。今後は，要介護の状態にある人びとのすべてが要介護認定を受ける状況にあるとさえ考えられる。

　さらに，これらの要介護認定者数が実際に介護保険受給者数としてみた場合の利用実態とその推移をみてみれば，2001年4月現在の受給者数は，197万人であり，要介護認定者数の78％であったが，2003年5月には受給者数が289万人となり，2001年の1.46倍，要介護認定者数の80.1％と対象規模・構成比ともに着実に拡大する結果となっている。このうち在宅で介護保険サービスを利用するものは，2001年が136万人でサービス利用者の69％であったが，2003年には215万人となり，74％まで伸長する。このことは，名乗りを上げただけでなく，サービスを使うことが一般化したことを

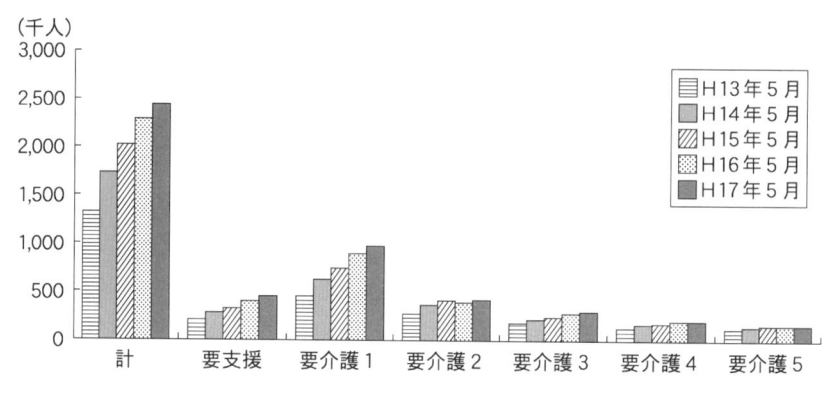

図4-8 利用者数の推移（介護給付費実態調査月報〈厚生労働省大臣官房情報統計部〉）

裏付けるものであり，社会システムを利用する権利として，要介護認定を受け，その結果に基づき介護サービスの利用も社会に求めることにつながった。今後は，要介護認定者のほとんどがサービス利用者となるということを想定する必要がある。

また，2005（平成17）年10月4日の社会保障審議会介護給付費分科会資料において提示された利用者の推移をみると（図4-8），同年5月において約244万人が居宅介護支援の利用者となっており，2001（平成13）年5月比が1.8倍に増加したことと報告している。とりわけ，「要支援」と「要介護1」の利用者は，全体の6割弱となり他の要介護度に比べ高い伸び率となっている。これらの保険費用総額は2005（平成17）年5月時で約212億円とされ，2001（平成13）年5月比の約2.1倍に達しているとしている。

さらに，これからの2010年からは，いわゆる団塊の世代が第1号被保険者となる。この世代はこれまでにもわが国においては教育や就労など激烈な競争社会を生み出し，その絶対量の多さと，それらが短期集中することに対応するための多く施策や資源を必要としてきた。この団塊の世代が60歳代となり年金生活者に移行するとともに，高齢者のみ世帯が急増するのであ

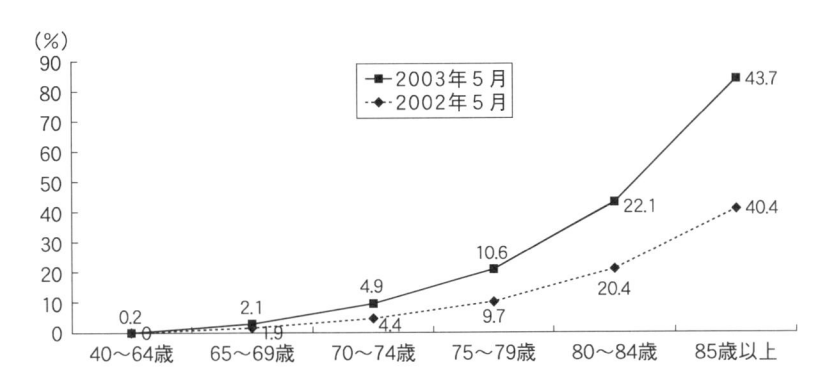

図4-9 年齢階級別にみたサービス受給率（厚生労働省「介護保険給付費実態調査月報」）

る。さらに，2010～2025年にかけては団塊ジュニア世代である50歳代がより顕在化，30歳代以下の若者が激減し，社会の担い手が不足する少子高齢社会に突入する。一方，団塊の世代は70歳以上となり，後期高齢者が急増する。なかでも80歳以上は，現状の倍以上となり，そのうち85歳以上はおおよそ現在の3倍にもなる。このことは，介護を必要とする対象者が，激増するだけでなく，その対応する人的資源の見通しが立たなければならないということでもある（図4-9）。

3） 新しい時代の世帯形態と介護

　介護の社会化のなかで，共通の認識をもつ必要があるものに，新しい時代の世帯形態がある。高年齢になるほど介護サービスを必要とするが，その基礎となる介護以外の生活支援が家族によって調達できる環境にあるのかということである。介護保険は介護の社会化を標榜してはいるが，現状の介護保険で利用できる在宅介護サービスだけでは要介護者の24時間365日を成立させるためには，残念ながら家族による介護や生活支援が不可欠な状況にある。

表 4-2 世帯主が 65 歳以上または 75 歳以上の世帯（『日本の世帯数の将来推計（全国推計）：2003（平成 15）年 10 月推計』国立社会保障・人口問題研究所

指　標	2000 年 （平成 12）	2025 年 （平成 37）	指数 (2000 年＝100)
世帯主 65 歳以上の世帯	1,114 万世帯	1,843 万世帯	165
うち単独世帯	303 万世帯	680 万世帯	224
世帯主 75 歳以上の世帯	394 万世帯	1,039 万世帯	264
うち単独世帯	139 万世帯	422 万世帯	303

　そこで家族による介護力がいつまで期待できるのかをわれわれは客観的に知っておかなければならない。すでに 2004 年現在で，家族類型別一般世帯数が過半数を割った。一般世帯とは子どもとその親からなる世帯である。わが国における家族類型別一般世帯将来推計のうち，世帯主が 65 歳以上または 75 歳以上についてみてみると，世帯主が 65 歳以上の世帯は，2000 年 1,114 万世帯であったものが，2025 年には 1,843 万世帯となり 2000 年の 1.65 倍となることが推計されている。同様に世帯主が 75 歳以上の世帯は，2000 年が 394 万世帯であったものが，2025 年には 1,039 万世帯と 2.64 倍の構成比となる（表 4-2）。このことからわかるように 75 歳以上からなる後期高齢者の世帯主の世帯は，急激に増加することが理解できる。さらに，これら世帯のうち「単独世帯」の内訳をみると，65 歳以上単独世帯は，2000 年 303 万世帯であったものが，2025 年には 680 万世帯となって，2000 年の 2.24 倍となる。同様に 75 歳以上の「単独世帯」においては，2000 年 139 万世帯が 2025 年には 422 万世帯となり，2000 年の 3.03 倍となることが示されたのである。

　つまり，新しい時代には，単身や夫婦といった高齢者だけで暮らす世帯が一般世帯になるということである。すでにスウェーデンやデンマークといっ

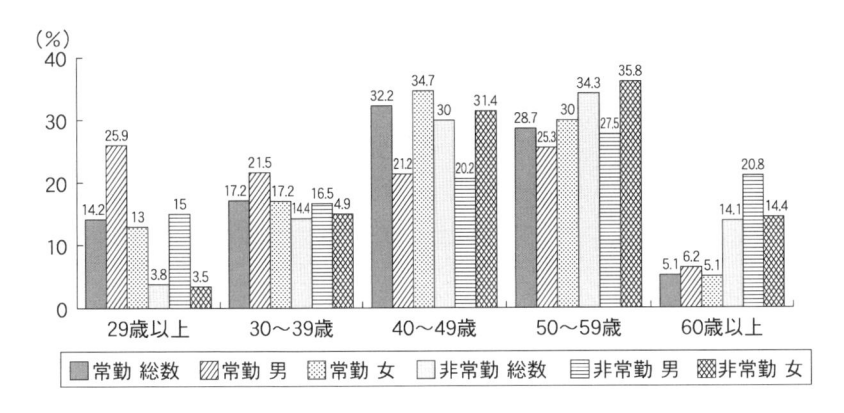

図4-10 勤務形態別・性別にみた年齢階級別従事者の構成割合
（平成14年10月1日現在）（厚生労働省「統計」）

た北欧の福祉先進国では，子どもが18歳を過ぎれば独立し，単身や夫婦だけの暮らし方は高齢者だけに限らない。その暮らし方のなかで老いを受け止め，支援を地域社会に用意していくという考え方が一般化している。さらに，デンマークでは介護を社会でまかなう手立てとして，その労働力の確保こそが課題であるという認識のもとに，訪問介護スタッフの高齢化に対処するために，勤続継続と事故防止を目的に筋力強化訓練を行っている。わが国においても，労働力の確保を量のみでなくその質の確保も検討して実践していくべきであろう。

　厚生統計によれば，わが国の介護職の主たる労働力も40～50歳代の女性非常勤職員によって支えられており，とくに在宅を支えるホームヘルパーは，上述したようにその傾向が顕著となっている（図4-10）。これからは，家事等の生活支援に留まらない団塊の世代の身体介護が目前に迫ってきている。現状の家族介護に準じる老々介護が訪問介護の実態とならないためには，施設介護職と同程度の魅力ある職域としていくことを，事業者だけでなく利用者を含む市場全体が理解していかなければならないのである。

第4章　介護予防時代の新しい介護　　173

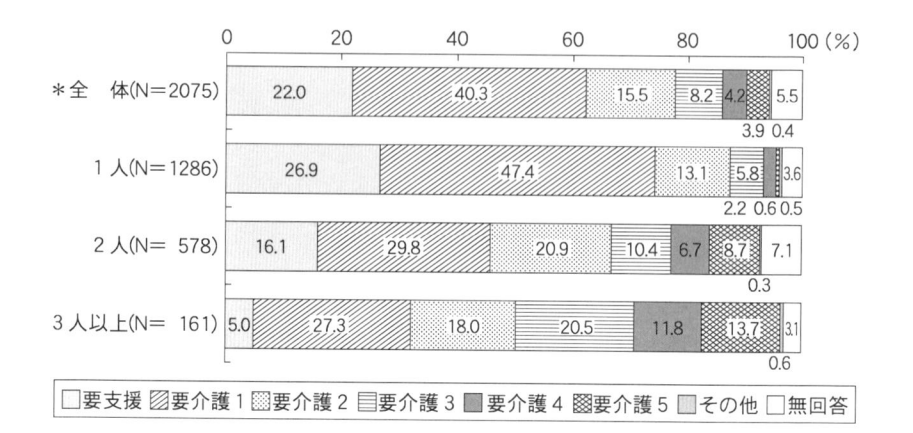

図4-11　利用者の要介護度（家族人数別）

4）新しい世帯形態のニーズと社会

　このように高齢者だけで老後を暮らすという世帯形態が，家族類型別でいう一般世帯とどのようなニーズの違いをもち，社会に影響をもたらすのかという点についても見通しておくことが必要となる。先に示した「要介護認定を受けた在宅高齢者の介護環境に関する実態調査」（2002＜平成14＞年3月財団法人長寿社会開発センター）では，介護保険利用高齢者の要支援および要介護1であったものが，「ひとり暮らし」では7割，2人で暮らす世帯では5割弱であった（図4-11）。このような状況をみると，ひとり暮らしは自立している割合が高いとみなされるわけであるが，高齢期においては，状態変化時の適切な支援が的確に得られるかということが重要になる。この調査では，介護や身の周りの世話をする人の有無について聞いており（図4-12），全体では「いる」が60.9％，「いない」が37.1％であった。これが「ひとり暮らし」では「いる」が50.0％にとどまる状況になっている。このような現状で，団塊の世代においては，独身で暮らす，もしくは独身の子とその片親との世帯の割合がきわめて高く，高齢期に「ひとり暮らし」で親族によ

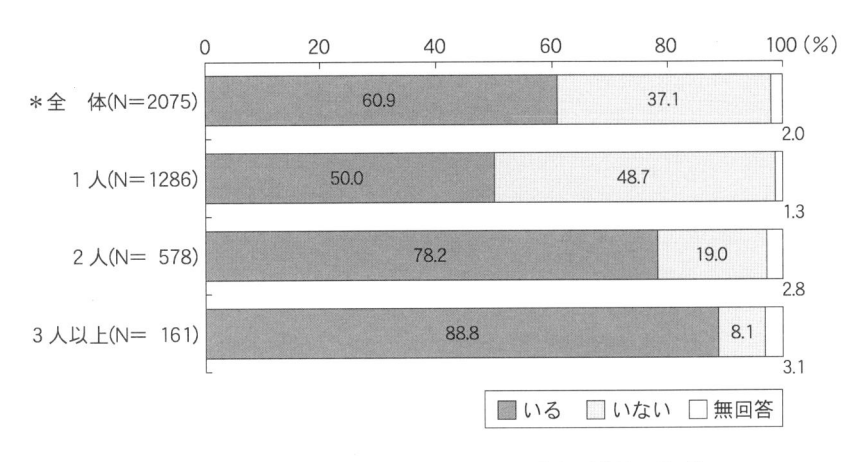

	いる	いない	無回答
＊全　体(N=2075)	60.9	37.1	2.0
1 人(N=1286)	50.0	48.7	1.3
2 人(N= 578)	78.2	19.0	2.8
3 人以上(N= 161)	88.8	8.1	3.1

図4-12　ホームヘルパー以外の援助者の有無（家族人数別）

る介護が期待できる割合は顕著に減少するものと推測できる。

　また，実際の援助内容も，調理ひとつとってもホームヘルパーによる調理ですべてまかなわれている割合は全体では13.7％ときわめて低かったが，高齢者の「ひとり暮らし」は自立している者が多いこともあって16.3％であった。このことをみてもすでに，単身であるからといって支援が多く享受できているわけではない状況にあることがみてとれる。さらに，必要となる家事はすでに外部化されており，市場サービスが家事の援助を受けもっているところが多くあるということでもあろう。身体介護を必要とする単身や夫婦のみとなれば，家事の援助はより大きな市場になるということである。それも身体介護を必要とする環境下では，効果的な介護を行うためにも有機的な家事の援助は不可欠である。すでに病院等では，更衣やシーツの交換時の洗濯物は，専門事業者によって行われ費用負担も低廉となっている。これは在宅であっても同様で，更衣等に必要となる清潔な衣類が整然と取り出せ，洗濯に回せる仕組みがあれば，介護の支援と切り離すことができる。食事介助のあとの食器下膳，洗い片付け，おむつ等の汚物の始末，ゴミ出しなど，

外部化できる援助は少なくない。貴重な人的介護を明確に位置づけ，市場化できるサービスへの移行とコーディネートこそが介護保険には必要なことと考える。

筆者は，1998年にデンマークのエルシノア市の「高齢者アクティビティセンター」という，地区にある多機能施設の利用者を思い出す。この施設は，わが国の地域福祉で実施されているふれあいいきいきサロンや生きがいデイサービス，老人クラブ活動といった単身や夫婦で暮らす利用者が時にはボランティアとなり，高齢者であっても主体的に運営に参加し，700人にのぼる人々が利用していた。ここでは，利用会員の昼食を提供する食堂があり，その厨房では，エルシノア市内に生活しているアクティビティセンターに来ることができない高齢者へ，1日あたり500食を供給している。

ここで提供される食事の4分の1は，低塩食や低カロリー食などの特別食で，1回の配食で2日分，週3回各利用者宅に配食されている。配食される食事は，すべてチルド加工となっているが，よく見ると1食ごとに赤のシールがスープなど温めるもの，青のシールがデザートや前菜など冷やしておくものと一目でわかるように貼られている。これを届けられた利用者は，それぞれの自立程度に合わせて，スチームオーブンと電子レンジどちらかが貸与され，これを使って"チン"さえできれば食事が摂れることになっている。デンマークは，市といっても3～5万の自治体規模であり，どこに行ってもコンビニエンスストアがあるわが国とはその生活環境は大きく異なる。食文化も食事を家庭で摂る習慣のある国だけに，気軽に立ち寄れるそば屋や食堂が身近にあるわけではない。であるからこそ，高齢者自身が引きこもりにならないようにアクティビティセンターに来ることを呼びかけ，食事も合わせて摂ることで自立の維持を獲得できるよう働きかけ，アクティビティセンターを利用できない人には，食事を欠かすことがないように在宅支援する仕組みが用意されているのである。よって，配食の利用は，もちろん予約制で

確実に利用できるものとしている（「デンマークにおける女性の参加とまちづくり」＜生涯居住環境研究会1998年11月＞より）。

わが国は，デンマークのような政策を選択していく予定はないし，必要もないかもしれない。ただし，その資源の活用の仕方は合理的で参考になる。わが国にはコンビニエンスストアがある。フランチャイズの定食店やファミリーレストランも多い。市場の資源をフルに活用していく仕組みを用意し，高齢者自身が日常生活を可能な限り自立しなければならないと自覚し，社会資源を活用した自立のための生活技術を身に付けていくことが必要である。

◇ 7　求められる対応の刷新 ◇

新しい時代の新しい介護を具体的に形づくっていくためには，団塊の世代が介護を必要とする対象者層となったときのニーズを想定していくことが必要である。具体的に期待される介護も現在の高齢者と異なることを確認していく必要がある。教育・就労・経済・家族形態などの動態だけでなく，一人ひとりの生活歴においても認識を更新することが必要と考える。なかでも，新しい介護について話を進めるときに，大きく介護をとらえそのなかでの介護保険の位置づけを有効とする，次の2つの視点が重要と考える。

ひとつめの視点は，井上（2004）[3]が「老いの一徹」の概説で取り上げているように，老年心理の"頑なさ"が，高齢者自身の意思や意欲，気概といったもので表現されている点である。介護は，その表明の本意をどこまで尊重できるかが重要であると考える。たとえば，措置制度下であれば"お上のお世話にはならない"，に代表されるような本人の生き様と社会的介護の関係に象徴をみることができる。このような事例では，高齢者はただひたすら自分でできることを行い，社会的システムの介入を阻むことがある。このような対象者に対しては，行政側もシステムの導入を緩やかにして，やれな

いものをやれるようにしていく気長な取り組みも従来はみられた。もちろん，本人が実際にできなくても"やれる"と応え門前払いをするということも，これまでの措置時代の事例では実際にあった。このような高齢者の頑なさの大部分を取り除くことができたのが，今日の介護保険ではないかと思っている。若いときから身についた意地や気性では受け入れられなかった福祉を享受する「劣等感」や「弱者感」を払拭し，保険料を自ら支払い，利用費用を負担することで対等な利用者像を具体化したのである。

　このような生き様と社会的介護の関係性を作った介護保険ではあるが，介護そのものの領域のどの部分を介護保険という社会システムで機能させようとしているのかを利用者である高齢者の生活に視点をあててより明らかにしていく必要がある。そして，その対象が団塊の世代となったときどのような変化を及ぼすか，"頑なさ"がどのような心理的な特徴として変化し，「劣等感」「弱者感」の払拭された感慨のもとに，どのような思いで介護を享受しようとするのか注目していくことが急務と考える（図4-13）。

　2つめの視点として注目しているのが阿部（1995）[4]のいうように，社会のシステムではなく"世間"が作った介護の価値基準を踏まえて整理をしていく必要があると考える。もちろん個人は，社会システムがあることによって（たとえば，年金や医療など），恩恵を受けたり・義務を課せられることがある。しかし，個人としてのその人らしい生活や暮らしでは，家族をはじめ自己とのつながりのある人間関係のなかで培われた価値の基準が実際の生活を左右し，介護もそのひとつになると考える。

　筆者はこの「世間」を介護保険は大きく変えたと受け止めている。介護保険の利用であれば，いわゆる"世間体が立つ"ことになったことが一番大きな効果ではないだろうか。高齢者自身からみれば，子どもと同居していても，配偶者がいても利用でき，同居家族からみれば仕事をしていなくても介護保険を利用できるようになったのである。まして，単身や夫婦だけで暮ら

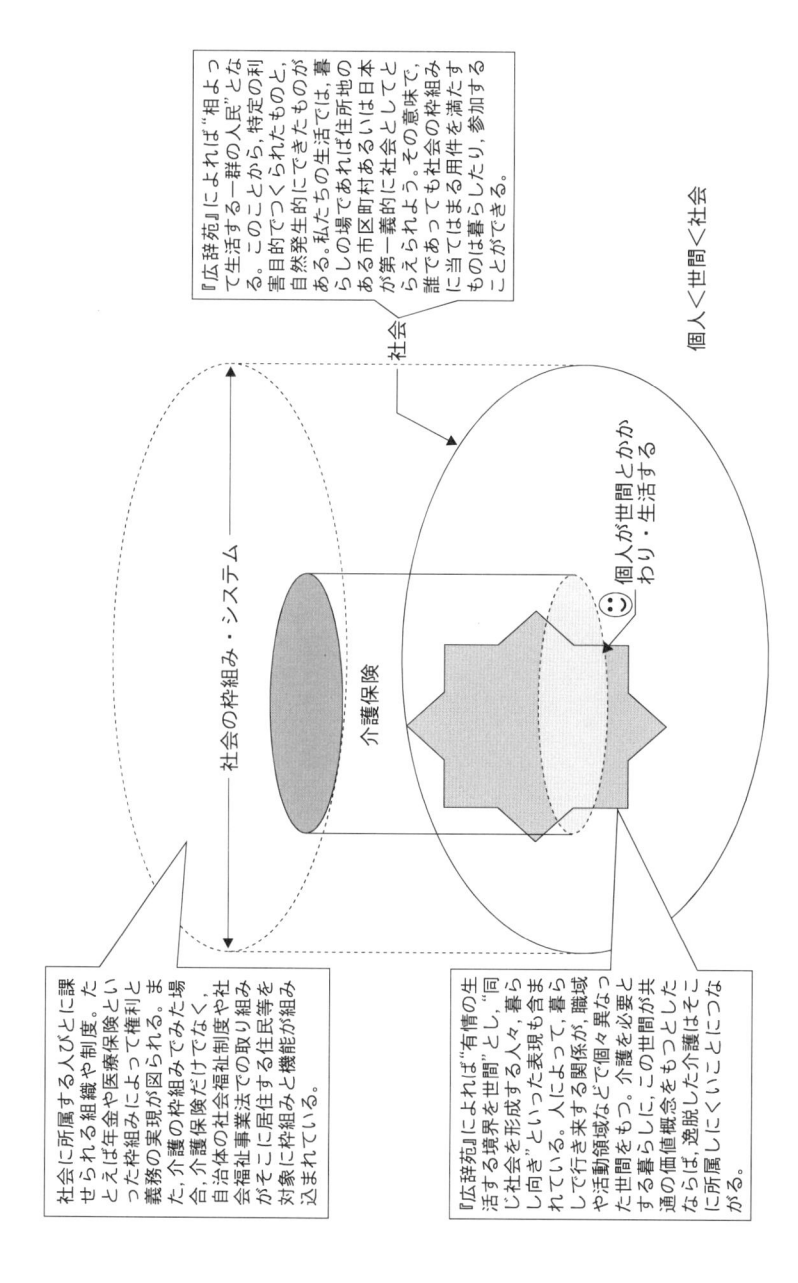

『広辞苑』によれば"相より"て生活する一群の人人"とある。このことから、特定の利害目的でつくられたものと、自然発生的にできたものがある。私たちの生活では、暮らしの場であれば住所地のある市区町村あるいは日本が第一義的に社会としてとらえられよう。その意味の枠組みに当てあってまる用件を満たすものは暮らしたり、参加することができる。

社会

個人＜世間＜社会

社会の枠組み・システム

介護保険

個人が世間とかかわり・生活する

社会に所属する人びとに課せられる組織や制度。たとえば年金や医療保険といった枠組みによって権利と義務の実現が図られる。また、介護保険でみてみた場合、自治体の社会福祉制度や社会保険事業での取り組みがそこに居住する住民等を対象に枠組みと機能が組み込まれている。

『広辞苑』によれば"有情の生活する境界を世間"とし、"同じ社会を形成する人々、暮らし向き"といった表現も含まれている。人によって、暮らしで行き来する関係が個々異なった世間をもつ。介護を必要とする暮らしも、この世間が共通の価値概念をもつことした暮らしならば、逸脱した介護はそこに所属しにくいことにつながる。

図4-13 高齢者個人からみた社会・介護保険の枠組みと世間の概念図

第4章 介護予防時代の新しい介護 179

している場合には，先の"老いの一徹"で我慢しなくてもよくなったといってもよい。このことは，訪問介護にたずさわる専門職にも同様に影響を及ぼしたと受け止めている。介護保険施行以前であれば，同居家族がいて訪問介護が必要な場合には，介護者が高齢であったり，障害があったり，働いていたりなど，それなりの理由がなければ，なぜ家族は介護をしないのかが問われ，家族関係に問題があるという"世間"の受け止めがあった。現状でも訪問介護は，家族の協力なくして多くが成り立たないために，本人ができることだけでなく，家族ができることを含めて介護支援専門員や訪問介護のサービス提供責任者は把握して計画を作成する。ただし，それらはあくまでも家族の主体的な関わりを把握し，評価する位置づけになってきている。このように介護保険は，社会システムでありながら，利用者が"世間"様から後ろ指を指されず，申し開きがつくようになった範囲を具体的に示したと考える。

筒井（2004）[2]は，先で引用した著書のなかで"「世間」を超えて，「社会」で生きるための仕組み"と題して家族が介護を放棄するとき等の章を綴っている。裏を返せば，冒頭にも述べたが，社会というシステムで生活していない高齢者にとって，「世間」に大っぴらに通用する介護を多く用意できることが必要になるということである。

これからの介護保険は，その意味で社会の錦の御旗であるとともに，世間で通用する介護を見きわめていかなければならないときにきているといえる。"頑なにできもしないことをできている"と応えてしまう一方には，"できてもやらない"という依存を結果として支援し，機能の低下となってしまうことがないようにしていくことである。できることをやらない高齢者に対しては，やる気にさせる援助が必要であって，利用者ができるサービスは行わないということにすぎない。

このような例は，現状の介護保険の利用システムにおいて，介護支援専門

員によって作成される居宅サービス計画を作成する際に求められる力量と指摘されることになってしまうかもしれない。しかし，実際のところ高齢者がやればできることを，やる気にさせる支援というものがどのようなものなのか，確認できていないのではないだろうか。ホームヘルパーには，その支援が高齢者の残された"できる"機能をダメにしないための働き方が求められている。重要なことは，この前提に"できない"を支えることがあるはずである。できないことを支えられて今日一日が送れ，安心して明日を迎えられる。そのような利用者の安心は，できないときに依頼できる訪問介護に対する信頼によってつくられるはずである。訪問介護によって，できなかったものやあきらめていたことにチャレンジできることで，"できる"ことを回復することが本来のねらいのはずである。これまでもこれからも，身体介護を必要とする状態からの支援の考え方を利用する高齢者やその家族はもとより，訪問介護員や介護保険事業者にも理解できる明確な位置づけや具体的な方策をつまびらかにし，その考えを世間に定着さえていく必要があるということである。

　先にも示したように求められる新しい介護には，ひとりの生活者としての暮らしの継続を可能とするものであって，介護には，保険以外の領域をどのように具体的に描き，応えていくかも重要となる。それは社会のシステムだけでなく，高齢者やその家族が暮らしに関わる世間体を新たに構築していくことにつながると考える。

◇ 8　消費者・事業者・保険者に求められる理解 ◇

　調査結果にみられるように，現在の利用者の意識には，ホームヘルパー業務を専門的な仕事として認識していないきらいがあり，看護師の業務と同程度の理解が得られるようになる必要があると考える。そのためには，利用者

の立場に立ったサービスに関する指標とその情報を提供する必要がある。とくに，要介護の状態では利用者同士が情報交換できる状況になく，利用者自身あるいは，介護者がどのように社会化された介護を使えるようにしていくべきと考えているのか，一方のホームヘルパー達がどのような考えのもとにサービス提供を行っていくべきと考えているのかなど，共有できる環境を用意していく必要がある。このことができていれば，利用者は介護保険によって生活を支えてもらいながら，それぞれの思いを率直に言葉にだして確認しあえ，お互いの位置づけを尊重しながら向上を目指すことができるのではないかと考える。

すでに，介護保険においては，介護支援専門員が居宅サービス計画をつくり，利用者の介護の方向と具体的なサービスメニューを構成して示している。重要なことは，それが利用者やその家族に理解され，かつそれぞれのサービスメニューを受けもつ事業者，たとえば訪問介護であれば利用者の訪問介護を受けもつサービス提供責任者が，居宅サービス計画を受けて利用者に提供するサービスの具体的な内容や方法を利用者に示し，介護によって何ができるのかを納得できるようにしておくことが不可欠である。さらに同様の理解は，それを担当するホームヘルパーが実際のサービスで共通の理解のもとに実現できてはじめて利用者の納得につながると考える。

本来ならば居宅サービス計画や訪問介護計画は，利用者やその家族が参加して作成しているはずで，そのサービスを通して利用者や家族ができたこと，そしてホームヘルパーの支援によってできたこと，できなかったことなど，介護の評価とともに介護を共に担うことで専門性への理解と尊重を導くことができると考える。このことは，介護保険に限らず，介護による人的サービスを市場サービスで確立していくうえでも同様のはずである。ただし，介護ではなく生活支援である場合には，好みやコミュニケーションに嗜好的評価が加味されてくることはいうまでもない。

重要となるのは，消費者となる利用者やその家族が情報として，利用する介護保険の妥当性を一般解として得ることすらできていないでいる。居宅サービス計画や訪問介護計画によって確認できる情報や，実行されているサービスが適正であるか否かを担当する介護支援専門員に問うていくことはできにくい。これに対して介護保険の見直しでは，適正な居宅サービス計画の実現に向けて，（仮称）地域包括支援センターと呼ばれるところで，介護予防や困難ケースの居宅サービス計画の適正を判断できることになっており，自治体ごとに生活圏を視野に置き整備されることになる。そして，国はそれらの機関を自治体が保険者として主体となって運営すべき機関としている。しかしながら，それらは介護保険によって直接介護保険サービスを提供している事業者が居宅介護支援事業所とともに，これまで在宅介護支援センター（2005年以降は，地域包括支援センターになるところも多いはずであるが）を担っていたところが機能を充実させ再度委託を受ける方向にある。このように，結果的に民間事業者にゆだねることになったとしても，利用者やその家族は，居宅サービス計画およびその実施サービスが適正であるか，中立的に情報提供や相談を求めることができるようになるという。

　いずれにしても自治体は，保険者として介護保険で利用できる介護を明らかにするとともに，他方では保険で対応し得ない福祉の担うべき課題を明確にし，その実現に必要な財源や計画遂行を具体化し，在宅で生活できる可能性を示していかなければならない。とくに，介護保険の要支援や要介護1レベルの利用者の拡大に加えて，それらが求める訪問介護に占める生活支援の構成比がきわめて高い現状が介護保険を圧迫していくことや，行政が受けもつ福祉だけでは，在宅高齢者の日々の生活や暮らしは不可能であることを共有し，地域福祉活動等のコミュニティケアを協働する環境整備を訴えていくことが必要である。

　そしてその一方で，利用者やその家族は，個の尊厳が適正に尊重され，適

正な支援を享受できる機関の協力を活用するという前提のもと，介護以外の普段の生活の継続性や選択性を市場サービスをはじめコミュニティサービスやコミュニティケアを自律しながら享受していくことが必要である。とくに認知症症状などによって，適切な選択であるか否かの判断ができない状態を想定して，代替となる自らの選択手法を十分に検討・理解し，明確な意思表示につながる対処を含み，成年後見制度や地域福祉権利擁護事業など必要な整理や契約をしておくことも必要であると考える。

　また，サービス提供事業者においても介護保険や自治体による福祉を担っていくうえで，企業理念とともに自社サービスが実現する目的を掲げ，提供するサービスの要素（メニュー）とその具体化を実際のサービスで体感できる必要がある。さらに，訪問介護の業務についてみれば，ホームヘルパー養成研修1級もしくは2級修了者から国家資格である介護福祉士資格取得者までが従事できる。そして，これらが従事できるまでに習得する専門的知識や技術に費やされる時間は大きく異なることから，介護職としてスタートした以降の職能育成がきわめて重要となることが指摘できる。とくに利用者に適したサービス提供内容とその方法を設定するのはサービス責任者であるが，サービス提供責任者には，利用者にかかわるホームヘルパーのサービスの質を人事とともに管理することが，位置づけられている。しかし，サービス提供責任者は，ホームヘルパーとしての職能を有していても，他のホームヘルパーの職能管理・育成するコーチング技術等は養成研修には含まれないため，習得する機会は実務環境のなかで確保されるしかない状況にある。訪問介護のように人によってのみ実現できるサービスは，人が商品であり，資源でもある。事業者は，自社が提供するサービス提供者の職能を育てることも商品開発であり，利用する消費者の育成とともにホームヘルパーの養成と業務の改善・向上を図っていくことが必要である。

　消費者である利用者は，このような努力や工夫を行っている事業者に対し

的確な評価を行っていくことが必要であろう．介護に関しては，市場化されているサービスのように同業他社との競争は目に見えるかたちで行いにくい．しかしながら必ずこれからの介護は，契約量や売り上げとなって淘汰されるはずである．

◇おわりに◇

　2005年の介護保険の改正を受け，新しい介護を考察してきたが，介護保険が国民生活に与える影響は多大であり，なかでも福祉ではない介護を明確に位置づけた．この位置づけが，今後の5年，10年の経過のなかで新たな公私の役割の再検討を求めることになると考える．少なくともこの5年余りの利用を通して，これまでの公共による福祉サービスの利用とは異なったサービスの質が模索されつつある．ただし，その一方の公共によるサービスがみえなくなり，とくに社会福祉で対応すべき対応がつかめないまま，介護保険利用者のなかに埋没している感があると思っているのは筆者だけであろうか．

　その意味でも本章が提案したように，団塊の世代を対象としたとき，介護保険で実行集約すべきサービスは，極端なまでに明確にかつタイトに身体介護に対する支援に集約すべきと考えている．でなければ，真の社会福祉の役割が損なわれ，公共の責務とともに，国民の権利すら危ぶまれるものになりかねないと考えるからである．そのためには，国民が自らの高齢期を見通し，自らの生活を構想したなかで高齢期に至るまでの準備や努力をより意味あるものと認識できるように社会福祉の理念を明確に再度発信していく必要がある．あわせて，社会福祉が担う全対象を介護保険の位置づけとともに明確に示すことも求められる．これはともに自治体の責務である．しかしながら，介護保険の導入によって，多くの事業やその運用が自治体から民間にゆだね

られることとなり，社会福祉の実践を必要とする対象が介護保険の困難ケースとなって，自治体の責務が果たされずにいる現状がみられるのである。

　介護保険により，被保険者にとっては福祉が身近になった。しかし，介護保険は高齢者福祉の課題を解決する魔法の杖ではなく，有限の資源を有効に活用していくためのシステムであるということを，その課題とともに保険者は説明する義務がある。そして，被保険者は，介護保険を支え，有効に活用する責務を負い，また被保険者のなかにも自らが従事者としてその役割を果たす者も少ないはずである。いずれも主体的かかわりが求められてくるということに代わりはない。われわれ国民は，あくまで保険のしくみは保険でしかなく，福祉全体を賄うものではないという共通の基盤にたって，自治体を支え市場を育てていく必要がある。とくに，この市場は規模として未曾有のものであり，これからの主要な産業であるだけに，求められるサービスは企業倫理のもと，要介護な状態の対象者とともに被保険者から信任が得られ，従事者にとっても誇りとなるものが必要である。

【参考文献】
1) 武藤博己（2003）『入札改革：談合社会を変える』岩波新書868　岩波書店　p.97.
2) 筒井孝子（2004）『高齢社会のケアサイエンス：老いと介護のセイフティネット』中央法規出版
3) 井上勝也（2004）「知っておきたい老年心理 part II」『ふれあいケア』11月号　全国社会福祉協議会
4) 阿部謹也（1995）『世間とは何か』講談社現代新書

◆おわりにかえて◆

　本書出版の動機は 1999 年，東京・八王子の山野美容芸術短期大学における美容福祉学科の創設にある。たまたま監修の立場をとらせていただいた西本は当時の新学科立ち上げメンバーのひとりであり，渡辺，日比野はその新学科の教授メンバーとして招へいされた主要スタッフである。本書のタイトルともなった「美容福祉」という言葉は，長年美容業界で実績をつくってきた山野学苑がその美容を生かした福祉をつくろうと意図した新しい言葉である。美容を生かして「美しく老いる」「輝く老いをつくる」，そのために山野学苑は何ができるだろうかというのが出発点であり，福祉と美容をいかに融合できるかという問いに対して「介護に美容を取り入れる」という大枠で1999 年 4 月山野美容芸術短期大学・美容福祉学科が誕生した。

　山野美容芸術短期大学初代学長の山野愛子は，美容とは髪，顔，装い，健康美，精神美という 5 つの美道の集大成であるとしている。すなわち人を美しくすることで人を幸福にするというのが美容であるとするならば，福祉や介護もまた同じ目的をもつ対人援助サービスとしてその源を同じくするものであると考えられるのである。それは単に美容師の資格をもった介護福祉士を養成し広く福祉の現場に送り出すということや，あるいは逆に介護福祉士や訪問介護員の資格をもった美容師が地域でサロンに勤めるという直接的な課題ばかりでなく，ある意味では福祉や介護がこれまでその対象としてきた人びとになし得なかった部分を，美容という手段で仕上げるというニュアンスもある。社会的にあるいは心身に困難を抱えた人びとが社会とかかわりをもとうとするときに，その仕上げをするための手段として美容もまた重要な役割を果たせるのではないだろうかという期待である。高齢者や障害者の社

会参加をうながすという課題はちょうど女性が外出前にとる一連の行動に似ていて，出かける前にシャワーを浴び，栄養たっぷりのバランスのよい食事をして，素敵な衣服を身にまとい身づくろいし，さらに髪，顔を整え化粧で仕上げる。そして最後に姿見の前で上から下までしっかりと確認し，たっぷりの自信という装いを身にまとい「いざ出陣」するというようなものであると解釈している。

　福祉が障害者や高齢者を考えるときに，私たちはこれまでその装いや化粧という問題をどれだけ考えてきただろうか。すぐに欧米を引き合いに出すのは好きではないが，たとえ背が曲がりしわだらけになっても，こぎれいな衣服を身にまとい化粧しなければ人前に出ようとしない素敵な欧米の高齢者たちを見るにつけ，高齢者たちのあるべきひとつの姿があるように思う。ひるがえってわが国の福祉や介護も衣食住の確保にとらわれるのではなく，さらに「生活を楽しむ」ことをいかに手助けしていくのかという課題が正面から語られてもよい時代になったと思うのである。もはや高齢期をいかに楽しむかという課題を控えめに主張する時代は終えてもよいのではないだろうか。いまや社会のマジョリティーともいえる高齢者たちの生き様は，社会文化を考えるうえでも産業構造や消費構造を考えるうえでも決して無視できない大きな存在であり，見ようによっては大きな脅威でさえある。また，この変化は美容にとっても，美容文化を切り開き時代を牽引するというファッションリーダーとしての部分のみでなく，広く世の人びとを対象とした生活に根づいた美容に立ち返ろうとする動きとも重なりあう。

　西本については，もともとリハビリテーションという領域から介護をとらえようとする立場にあり，リハビリテーションという方法論をいかに介護に取り込むべきかという研究課題をもっている。渡辺は障害者や高齢者の衣服が専門で，障害にも老いにも負けずにおしゃれを楽しむという観点から長年

研究と実践を積み重ねてきている。日比野はもともと臨床心理士として活躍し，心理と人間行動の関係について長年関心をもち続け，化粧が人の行動に及ぼす影響について心理学的研究を積み重ねている。田村については上記大学とは直接関係はないが，在野のシンクタンクの研究者として長年高齢期の居住継続や環境の調査や研究をはじめ，それに関連する生活支援，とくに介護保険における訪問介護員の問題や介護保険サービスの効果などについて第一線で研究を続けてきた。とくに本書では介護保険の成立と，2005年の大幅な改正を受け介護の現場における時代の変化をつかむという意味で特別に参加をいただいた。

それぞれまったく異なる領域からの執筆で読者からすればどこに共通点を見出しどう受け止めてよいか迷われるところであろうが，筆者たちもまた団塊の世代にあるわけで，自らの老後に多くの不安をもちつつも，もう少し福祉や介護が輝かしいもので楽しいものでなければならないという思いが出発点であり目標でもある。さらに本音をいえばしっかり自分たちの老後を楽しみたいという願いが動機にあり，いわば自分たちの高齢期のために執筆しているといってもよいかもしれない。

本書は介護をめぐる「時代の変化をとらえる」という趣旨の田村，西本による部分と，「美しく老いる」というサブテーマでまとめられる渡辺，日比野の執筆した部分に分かれる。とくに渡辺，日比野の部分はまさに介護領域における新しさそのものであり，「美容福祉」の具体化のひとつととらえていただければ幸いである。もちろんその一方で，介護の領域での新しさを求める以前に，現在の介護の到達点と課題をしっかりとらえておきたいし，時代の変化をどう理解するかということも結局は新しさを支えるものと理解している。その意味で，田村には「介護保険改正」に主眼をおいてこれからの介護のひとつのあるべき姿を語っていただいた。西本については，介護の到達点をどう解釈するかということに意識をおいている。これらの部分がやや

重過ぎるかもしれず，そのあたりの読みづらさがあるとすればそれは監修者の責任で未熟であるがゆえの到達点とご理解いただきたい。あらためて介護や福祉の現場で働く人びとや介護の当事者でもある広い読者にさらにご意見をいただきご指導いただければ幸いである。

　また，冒頭でも述べたが，本企画のいわば出発点である山野美容芸術短期大学・美容福祉学科もその後着実に発展を遂げてきていると聞いているし，美容の山野が福祉に挑戦し続けているということはわが国の美容界に大きな衝撃を与えている。あらためて同大学の発展を心より祈るものである。最後になったが本書出版の機会を与えてくださった誠信書房・柴田淑子社長，編集担当の松山由理子，中澤美穂氏に感謝を申し上げる次第である。

西　本　典　良

編著者紹介

西本　典良（にしもと　のりよし）【はじめに，第1章，おわりに】
1957 年生まれ
山野美容芸術短期大学教授を経て
現在　東北文化学園大学医療福祉学部教授
　　　理学療法士

著者紹介（50 音順）

田村　静子（たむら　しずこ）　【第 4 章】
現在　(株)ライフエイドネクサスデザイン代表取締役

日比野　英子（ひびの　えいこ）　【第 2 章】
現在　神戸親和女子大学発達教育学部助教授
　　　臨床心理士

渡辺　聰子（わたなべ　さとこ）　【第 3 章】
現在　山野美容芸術短期大学美容福祉学科教授

個と向きあう介護
——美容福祉へのいざない
2006 年 3 月 10 日　第 1 刷発行

編著者	西本　典良
発行者	柴田　淑子
印刷者	西澤　利雄

発行所　株式会社　**誠信書房**
〒112-0012　東京都文京区大塚 3-20-6
電話　03 (3946) 5666
http://www.seishinshobo.co.jp/

あづま堂印刷　協栄製本　落丁・乱丁本はお取り替えいたします
検印省略　　　無断で本書の一部または全部の複写・複製を禁じます
© Noriyoshi Nishimoto, 2006　　Printed in Japan
ISBN4-414-60137-1　C3036

社会福祉専門職ライブラリー《介護福祉士編》

阿部志郎・一番ヶ瀬康子・木下安子
児島美都子・仲村優一・古川孝順　監修

社会福祉概論
一番ヶ瀬康子・古林澪映湖編

　社会福祉の全体をわかりやすく解説した待望の概論。まず各章の始めに学習のポイントが明記され，そして左頁には本文を，右頁には写真・図表・資料を掲載するという構成でテキストとして使いやすい。また，介護福祉を担う人の感性を磨くための詩やビデオも紹介した概論の決定版。

目　次
第１章　社会福祉とは何か
①現代社会における私たちの生活ニーズの変化　②社会福祉の基本的な考え方　③地域福祉の重要性
第２章　社会福祉のあゆみ
①社会福祉のあゆみ——日本編
②社会福祉のあゆみ——欧米編
第３章　社会福祉の仕組みと拡がり
①社会福祉の主要な法律　②社会福祉の行財政
③社会福祉の分野　④社会福祉の関連分野
第４章　社会福祉の実践と担い手
①社会福祉の方法　②社会福祉の仕事と担い手
第５章　これからの社会福祉への視点
①福祉のまちづくり　②ボランティアとNPO
③福祉文化の創造

A5判並製214p　定価2310円（税5％込）

社会福祉専門職ライブラリー《介護福祉士編》

阿部志郎・一番ヶ瀬康子・木下安子
児島美都子・仲村優一・古川孝順　監修

介護福祉論
西村洋子著

　1990年に刊行した『介護概論』の全面改訂版。介護保険制度導入に合わせて大幅に章を増やし，内容を一新した。従来の「介護」にとどまらず，より専門化が求められる「介護福祉（ケアワーク）」を担う人材育成教育のために，介護福祉の概念，諸サービスの解説，ケアワークの原則・方法・過程等を網羅した介護福祉の集約的内容となっている。

目　次
第１章　現代社会と介護福祉
①高齢社会と生活　②障害児・者と生活　③家族と介護
第２章　介護福祉に関する歴史
①施設における支援　②障害者への支援　③地域における支援と介護職の養成
第３章　外国における介護福祉
①外国との比較に関して　②イギリス　③ドイツ　④スウェーデン
第４章　介護サービスに関する制度政策
①高齢者保健福祉の制度政策　②福祉関係８法の改正　③障害者保健福祉政策　④社会福祉基礎構造改革　⑤介護保険制度
第５章　介護福祉の概念
①「介護」の意味づけ　②介護の理念と定義
③関連領域との関係
第６章　介護福祉の原則と方法
①介護福祉の原則　②対人援助の原則と方法
③要介護者の特徴　④身体（生理）的生活への援助
⑤社会的・文化的生活援助　⑥生活環境の整備
⑦家庭経営と管理　⑧緊急時・終末期ケア　⑨相談・助言　⑩管理・運営
第７章　介護福祉援助（ケアワーク）の過程
①援助過程における課題　②インテーク　③アセスメント　④ケアワーク計画の立案　⑤ケアワークの実施　⑥ケアワークの評価　⑦介護福祉援助の事例
第８章　介護福祉の分野
①老人福祉施設（特別養護老人ホーム）　②介護老人保健施設　③介護療養型医療施設　④身体障害者療護施設　⑤重症心身障害児施設　⑥地域社会における介護

A5判並製268p　定価2499円（税5％込）

誠　信　書　房

「現場」のちから

尾崎　新編

●社会福祉実践における現場とは何か　「死にたい」「このような人生を生きる価値などない」「お母さんに会いたい」「なぜ，お母さんは私を迎えに来てくれないの」「介護に疲れた」「助けて欲しい」など，このようなクライエントの問いかけにどうするか。社会福祉実践における「現場」の力とは何か。「現場」の可能性，魅力とは何か。本書は社会福祉現場がもつさまざまな力（実践力・強さ・魅力・可能性）の本態，構造に迫り，「現場」のあるべき姿や可能性を論じる。

目　次
序　章　葛藤・矛盾からの出発
第1章　ソーシャルワークの経験
第2章　虚々実々のなかの育ちあい
　　　　──現場の力
第3章　「対話」の力と社会福祉実践
　　　　──ことばを相互に紡ぐことの臨床的意味
第4章　かかわりを継続する力
　　　　──保健所という現場から
第5章　自己決定を尊重する現場の力
第6章　老いとケアの現場の構造分析
第7章　中村明美二十歳(仮名)／自殺
第8章　「切り拓く現場・切り裂かれる現場」
　　　　──死を看取るということ
第9章　社会福祉実習教育における現場の力
第10章　「普通」「常識」を問い返す磋場と学生の変容
　　　　「変幻自在なシンフォニー・共同体という現場の共同体験」
　　　　──出会い，変幻自在さ，創造性，そして信じる力
第11章　現場の力
　　　　──生活の場において気づく援助のあり方とその気づきを得て変化する関係
第12章　現場からソーシャルワークを考える
終　章　現場の力
　　　　「ゆらぐことのできる力」と「ゆらがない力」

四六判上製420P　定価3150円（税5％込）

「ゆらぐ」ことのできる力

尾崎　新編

●ゆらぎと社会福祉実践　実践のなかで援助者，クライエント，家族などが経験する動揺，葛藤，不安，あるいは迷い，わからなさ，不全感，挫折感などの「ゆらぎ」を考える。この「ゆらぎ」は社会福祉実践の専門性や質を高める出発点ともなる。本書は，このような「ゆらぎ」の諸相をさまざまな角度から記述し，社会福祉実践における「ゆらぎ」の意義，「ゆらぎ」に直面する力について論じる。

目　次
序　章　「ゆらぎ」からの出発
　　　　──「ゆらぎ」の定義，その意義と課題
第1章　「共感」について
　　　　──「わからなさ」と「他者性」に注目して
第2章　「ゆらぎ」と私のインターフェース
第3章　癌ターミナル期家族のゆらぎと援助者のゆらぎ
　　　　──ゆらぎの分析と活用
第4章　保健婦の成長と「ゆらぎ」の体験
　　　　──「ゆらぎ」を受けとめ，表現する力
第5章　「ふりまわされる」ということ
　　　　──援助関係における一つの「ゆらぎ」に注目して
第6章　「共に生きる」という関係づくりとゆらぎ
第7章　実習教育と「ゆらぎ」
　　　　──学生と教員のスーパービジョン関係について考える
第8章　社会福祉の共通認識をつくる
　　　　──福祉教育実践における「ゆらぎ」
第9章　時代と社会福祉実践，そして「ゆらぎ」
　　　　──「幅」「軸」「多様性」に注目して
第10章　ソーシャルワーク実践における曖昧性とゆらぎのもつ意味
終　章　「ゆらぐ」ことのできる力
　　　　──「ゆらぎ」を実践に活用する方法

四六判上製364P　定価2730円（税5％込）

誠信書房

西本典良 著
動作をみる介護

●リハビリテーションの応用で介護力を高める 基本的な「からだの動き」寝返り、起き上がり、坐位、立ち上がり、立位、歩行などを理解することによって、介護のコツをつかみ、質の高い介護技術を習得できる。

徳田克己・水野智美 編著
障害理解

●心のバリアフリーの理論と実践 障害や障害者に対する理解が進んだとはいえ、この問題は避けて通ることはできない。保育者や家庭だけでなく地域などいろいろな結びつきのなかではぐくまれていく方法を語る

岩橋成子 著
知っておきたい介護技術の基本

本書は、介護者に必要な心構えや介護の正確な技術を分かりやすく解説する。特に、介護に携わる人びとのもつ疑問や、つまずきやすい点に応え、介護動作の流れが豊富なイラストで理解できるようになっている。

緑寿園ケアセンター 編
わかりやすい老人の家庭介護

高齢者のいる家庭で、実際にそのお世話をどのようにすればよいのか、十数年にわたるケアセンターの知恵と工夫を結集したもの。どこから読んでも豊富な写真入りで日常生活の介護のポイントをわかりやすく説明

誠信書房